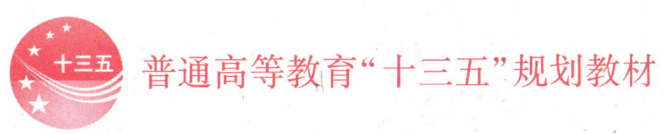 普通高等教育"十三五"规划教材

大学生思想政治理论课实践
——毛泽东思想和中国特色社会主义理论体系概论实践教程

编写组

新华出版社

图书在版编目(CIP)数据

大学生思想政治理论课实践 / 大学生思想政治理论课实践编写组编 . —北京：新华出版社，2020.8
ISBN 978-7-5166-5340-1

Ⅰ. ①大… Ⅱ. ①大… Ⅲ. ①大学生–思想政治教育–研究–中国 Ⅳ. ①G641

中国版本图书馆 CIP 数据核字（2020）第 173745 号

责任编辑：江文军　马大乔
责任印刷：廖成华

出版发行：新华出版社
社　　址：北京石景山区京原路 8 号　　邮　　编：100040
网　　址：http://www.xinhuapub.com
经　　销：新华书店
购书热线：010-63077122　　中国新闻书店购书热线：010-63072012

印　　刷：北京市彩虹印刷有限责任公司

成品尺寸：185mm×260mm　1/16
印　　张：10.5　　字　　数：219 千字
版　　次：2020 年 8 月第一版　　印　　次：2020 年 8 月第一次印刷

书　　号：ISBN 978-7-5166-5340-1
定　　价：32.00 元

编 委 会

主　编：陈　健　彭焕才
副主编：申　覃　余志君

前　言

习近平总书记2019年3月18日在学校思想政治理论课教师座谈会上指出，推动思想政治理论课改革创新，要不断增强思政课的思想性、理论性和亲和力、针对性。要坚持理论性和实践性相统一，用科学理论培养人，重视思政课的实践性，把思政小课堂同社会大课堂结合起来，教育引导学生立鸿鹄志，做奋斗者。为贯彻落实习近平总书记的重要讲话精神，推动思想政治理论课改革创新，满足实践教学的需求，我们组织人员编写了这本《大学生思想政治理论课实践——毛泽东思想和中国特色社会主义理论体系概论实践教程》，培养大学生的实践动手能力，促进大学生加深对理论知识的认识和理解，进一步了解社会，了解国情，增长才干，奉献社会，坚定在中国共产党的领导下走中国特色社会主义道路的信心和决心。

本书体现了当前思想政治理论课教学改革的两大基本趋势：一是以生为本，凸显学生的主体地位；二是实践取向，将实践教学作为常态化教学环节。本书体例简明新颖，以国家统编教材《毛泽东思想和中国特色社会主义理论体系概论》的章节结构为依据，共设十四章。每章内容分为五个模块。"学习引导"包括学习目标和学习重点、难点，提纲挈领地梳理出本章的知识体系；"案例评析"精选具有典型性、时代性的材料，或引经据典，或理论联系实际，对知识点进行深度解读；"实践课堂"依据每章教学内容安排了丰富多彩的主题实践活动，如经典阅读、课堂调查、视频播放、经典诵读、摄影展览、演讲比赛、社会调查等。

本书旨在解决思想政治理论课理论性和实践性相统一的问题，推进教材体系向教学体系的转化，有着较强的实用性和可读性，适合高校思想政治理论课教师作为教学参考用书及学生作为学习思想政治理论课的辅导用书。

在本书编写过程中，我们借鉴了相关"毛泽东思想和中国特色社会主义理论体系概论"课的实践教材和思政课实践教学的教研成果，在这里向给予我们有益启示的同行们表示感谢。由于编者学识有限，本书难免存在不当或错漏之处，欢迎各位读者批评指正。

编　者

2020 年 8 月

目 录

第一章 毛泽东思想及其历史地位 ········· 1

学习引导 ········· 1

 【学习目标】 ········· 1
 【学习重点】 ········· 1
 【学习难点】 ········· 1

知识点睛 ········· 2

 一、毛泽东思想的形成和发展 ········· 2
 二、毛泽东思想的主要内容和活的灵魂 ········· 2
 三、毛泽东思想的历史地位 ········· 4

案例评析 ········· 5

 【案例1】纪念毛泽东诞辰120周年 ········· 5
 【案例2】习近平的"网上群众路线" ········· 6

实践课堂 ········· 7

 实践一 资料搜集：红色诗词赏析 ········· 7
 实践二 资料搜集：数风流人物 ········· 8

延伸阅读 ········· 8

 一、精选阅读 ········· 8
 二、推荐阅读 ········· 9
 三、至理名言 ········· 10

第二章 新民主主义革命理论 ······ 11

学习引导 ······ 11

【学习目标】 ······ 11
【学习重点】 ······ 11
【学习难点】 ······ 11

知识点睛 ······ 12

一、新民主主义革命理论形成的依据 ······ 12
二、新民主主义革命的总路线和基本纲领 ······ 13
三、新民主主义革命的道路和基本经验 ······ 14

案例评析 ······ 16

【案例1】去当红色"山大王" ······ 16
【案例2】习近平再提中共进京赶考：向人民交出优异答卷 ······ 17

实践课堂 ······ 19

实践一 实地考察：追寻红色记忆 ······ 19
实践二 诵读经典：领略著作魅力之《反对本本主义》 ······ 19

延伸阅读 ······ 20

一、精选阅读 ······ 20
二、推荐阅读 ······ 21
三、至理名言 ······ 21

第三章 社会主义改造理论 ······ 23

学习引导 ······ 23

【学习目标】 ······ 23
【学习重点】 ······ 23
【学习难点】 ······ 23

知识点睛 ······ 24

一、从新民主主义到社会主义的转变 ······ 24
二、社会主义改造道路和历史经验 ······ 25
三、社会主义制度在中国的确立 ······ 26

案例评析 ··· 27
【案例1】制度优势是迎击贸易战的关键底气 ··· 27
【案例2】荣毅仁接受改造，陈毅称其为"红色资本家" ··· 28

实践课堂 ··· 29
实践一 观看视频：感受银幕经典——《正道沧桑——社会主义500年》之《春天脚步》 ··· 29
实践二 讨论：社会主义改造和社会主义改革是一样的吗？ ··· 29

延伸阅读 ··· 30
一、精选阅读 ··· 30
二、推荐阅读 ··· 32
三、至理名言 ··· 32

第四章 社会主义建设道路初步探索的理论成果 ··· 34

学习引导 ··· 34
【学习目标】 ··· 34
【学习重点】 ··· 34
【学习难点】 ··· 34

知识点睛 ··· 35
一、初步探索的重要理论成果 ··· 35
二、初步探索的意义和经验教训 ··· 36

案例评析 ··· 37
【案例1】聚焦新型工业化：百年强国梦一朝成真 ··· 37
【案例2】毛泽东对社会主义建设道路的探索 ··· 38

实践课堂 ··· 40
实践一 角色互换：师生角色互换——由学生主讲，体验教师的感受 ··· 40
实践二 诵读经典：领略著作魅力之《关于正确处理人民内部矛盾的问题》 ··· 40

延伸阅读 ··· 41

  一、精选阅读 ·· 41
  二、推荐阅读 ·· 43
  三、至理名言 ·· 43

第五章　邓小平理论 ·· 45

学习引导 ·· 45
  【学习目标】 ·· 45
  【学习重点】 ·· 45
  【学习难点】 ·· 45

知识点睛 ·· 46
  一、邓小平理论的形成 ·· 46
  二、邓小平理论的基本问题和主要内容 ·· 46
  三、邓小平理论的历史地位 ·· 50

案例评析 ·· 50
  【案例1】习近平主席打响中国改革开放再出发"发令枪" ·· 50
  【案例2】我们党历史上的五条基本路线 ·· 52

实践课堂 ·· 53
  实践一　资料搜集：认知国情 ·· 53
  实践二　摄影展览："我看家乡新变化"大学生摄影展 ·· 53

延伸阅读 ·· 54
  一、精选阅读 ·· 54
  二、推荐阅读 ·· 55
  三、至理名言 ·· 56

第六章　"三个代表"重要思想 ·· 57

学习引导 ·· 57
  【学习目标】 ·· 57
  【学习重点】 ·· 57
  【学习难点】 ·· 57

知识点睛 ·· 58

一、"三个代表"重要思想的形成 ……………………………… 58
二、"三个代表"重要思想的核心观点和主要内容 ……………… 58
三、"三个代表"重要思想的历史地位 …………………………… 60

案例评析 …………………………………………………………… 61
【案例1】习近平妙喻科技强国 ……………………………………… 61
【案例2】着眼于长期执政加强执政能力建设 …………………… 62

实践课堂 …………………………………………………………… 63
实践一　资料搜集：追踪中国特色社会主义市场经济 …………… 63

延伸阅读 …………………………………………………………… 64
一、精选阅读 …………………………………………………………… 64
二、推荐阅读 …………………………………………………………… 66
三、至理名言 …………………………………………………………… 66

第七章　科学发展观 ……………………………………………… 67

学习引导 …………………………………………………………… 67
【学习目标】 ………………………………………………………… 67
【学习重点】 ………………………………………………………… 67
【学习难点】 ………………………………………………………… 67

知识点睛 …………………………………………………………… 68
一、科学发展观的形成 ……………………………………………… 68
二、科学发展观的科学内涵和主要内容 …………………………… 68
三、科学发展观的历史地位 ………………………………………… 71

案例评析 …………………………………………………………… 72
【案例1】科学发展观必须长期坚持 ……………………………… 72
【案例2】五千年！每一块基石都镌刻着文化自信 ……………… 73

实践课堂 …………………………………………………………… 74
实践一　实地考察：探寻新农村 …………………………………… 74
实践二　讨论：新发展理念与科学发展观的关系 ………………… 75

延伸阅读 …………………………………………………………… 76

  一、精选阅读 ·· 76
  二、推荐阅读 ·· 77
  三、至理名言 ·· 77

第八章 习近平新时代中国特色社会主义思想及其历史地位 ············ 79

学习引导 ··· 79
  【学习目标】·· 79
  【学习重点】·· 79
  【学习难点】·· 79

知识点睛 ··· 80
  一、中国特色社会主义进入新时代 ······························ 80
  二、习近平新时代中国特色社会主义思想的主要内容 ················ 81
  三、习近平新时代中国特色社会主义思想的历史地位 ················ 82

案例评析 ··· 83
  【案例1】高擎习近平新时代中国特色社会主义思想伟大旗帜 ········ 83
  【案例2】矢志不渝的人民情怀 ································ 85

实践课堂 ··· 86
  实践一 红歌咏唱:"唱红歌,颂祖国"红色歌咏比赛 ·············· 86
  实践二 读史明智:忆往昔峥嵘岁月 ···························· 86

延伸阅读 ··· 87
  一、精选阅读 ·· 87
  二、推荐阅读 ·· 89
  三、至理名言 ·· 89

第九章 坚持和发展中国特色社会主义的总任务 ···················· 90

学习引导 ··· 90
  【学习目标】·· 90
  【学习重点】·· 90
  【学习难点】·· 90

知识点睛 ··· 91

一、实现中华民族伟大复兴的中国梦 ……………………………………… 91
　　二、建成社会主义现代化强国的战略安排 ………………………………… 91
案例评析 ……………………………………………………………………… 93
　　【案例1】中国道路·中国梦："守山人"心有巍峨 ……………………… 93
　　【案例2】开启全面建设社会主义现代化国家新征程 …………………… 94
实践课堂 ……………………………………………………………………… 95
　　实践一　主题演讲：我的梦，"中国梦" ………………………………… 95
延伸阅读 ……………………………………………………………………… 96
　　一、精选阅读 ………………………………………………………………… 96
　　二、推荐阅读 ………………………………………………………………… 97
　　三、至理名言 ………………………………………………………………… 97

第十章　"五位一体"总体布局 …………………………………………… 99

学习引导 ……………………………………………………………………… 99
　　【学习目标】………………………………………………………………… 99
　　【学习重点】………………………………………………………………… 99
　　【学习难点】………………………………………………………………… 99
知识点睛 ……………………………………………………………………… 100
　　一、建设现代化经济体系 …………………………………………………… 100
　　二、发展社会主义民主政治 ………………………………………………… 100
　　三、推动社会主义文化繁荣兴盛 …………………………………………… 102
　　四、坚持在发展中保障和改善民生 ………………………………………… 102
　　五、建设美丽中国 …………………………………………………………… 103
案例评析 ……………………………………………………………………… 104
　　【案例1】立"新"除"弊"习近平纵论新型政党制度 ………………… 104
　　【案例2】美丽中国，人人是建设者 ……………………………………… 105
实践课堂 ……………………………………………………………………… 106
　　实践一　资料搜集：聚焦港澳台 …………………………………………… 106
　　实践二　公益活动：践行社会主义核心价值观 …………………………… 107

实践三　调查活动：美丽中国梦，环保我先行 …………………… 107
　延伸阅读 ……………………………………………………………… 108
　　一、精选阅读 ………………………………………………………… 108
　　二、推荐阅读 ………………………………………………………… 109
　　三、至理名言 ………………………………………………………… 109

第十一章　"四个全面"战略布局 ……………………………………… 111

　学习引导 ……………………………………………………………… 111
　　【学习目标】 ………………………………………………………… 111
　　【学习重点】 ………………………………………………………… 111
　　【学习难点】 ………………………………………………………… 111
　知识点睛 ……………………………………………………………… 112
　　一、全面建成小康社会 ……………………………………………… 112
　　二、全面深化改革 …………………………………………………… 112
　　三、全面依法治国 …………………………………………………… 113
　　四、全面从严治党 …………………………………………………… 114
　案例评析 ……………………………………………………………… 115
　　【案例1】同心同行谋发展打赢脱贫攻坚战——统一战线帮扶毕节试验
　　区综述 ………………………………………………………………… 115
　　【案例2】以"八个坚定不移"推动勇于自我革命落到实处 ……… 118
　实践课堂 ……………………………………………………………… 121
　　实践一　讨论：当今中国应怎样反腐才有效？ …………………… 121
　　实践二　观看视频：感受银幕经典——《逐梦小康》之
　　　　　　《小康新梦》 ……………………………………………… 121
　延伸阅读 ……………………………………………………………… 122
　　一、精选阅读 ………………………………………………………… 122
　　二、推荐阅读 ………………………………………………………… 123
　　三、至理名言 ………………………………………………………… 124

第十二章 全面推进国防和军队现代化 ······ 125

学习引导 ······ 125

【学习目标】 ······ 125

【学习重点】 ······ 125

【学习难点】 ······ 125

知识点睛 ······ 126

一、坚持走中国特色强军之路 ······ 126

二、推动军民融合深度发展 ······ 127

案例评析 ······ 128

【案例1】开创新时代网信军民融合深度发展新局面 ······ 128

【案例2】让人工智能成为提升国防实力的助推器 ······ 129

实践课堂 ······ 130

实践一 观看视频：感受银幕经典——《建军大业》 ······ 130

实践二 资料搜集：中国国防 ······ 130

延伸阅读 ······ 131

一、精选阅读 ······ 131

二、推荐阅读 ······ 134

三、至理名言 ······ 134

第十三章 中国特色大国外交 ······ 135

学习引导 ······ 135

【学习目标】 ······ 135

【学习重点】 ······ 135

【学习难点】 ······ 135

知识点睛 ······ 136

一、坚持和平发展道路 ······ 136

二、推动构建人类命运共同体 ······ 137

案例评析 ······ 139

【案例1】"五观"为构建人类命运共同体指明了方向 ······ 139

  【案例2】中巴首条陆地直达光缆建成开通 …………………………… 140
 实践课堂 ………………………………………………………………… 141
  实践一　观看视频：感受银幕经典——《与全世界做生意》之《与世界的距离》 ………………………………………………………… 141
  实践二　讨论：奉行和平外交政策是软弱的表现吗？ …………… 142
 延伸阅读 ………………………………………………………………… 142
  一、精选阅读 ………………………………………………………… 142
  二、推荐阅读 ………………………………………………………… 144
  三、至理名言 ………………………………………………………… 144

第十四章　坚持和加强党的领导 …………………………………… 145

 学习引导 ………………………………………………………………… 145
  【学习目标】 ………………………………………………………… 145
  【学习重点】 ………………………………………………………… 145
  【学习难点】 ………………………………………………………… 145
 知识点睛 ………………………………………………………………… 146
  一、实现中华民族伟大复兴关键在党 ……………………………… 146
  二、坚持党对一切工作的领导 ……………………………………… 147
 案例评析 ………………………………………………………………… 147
  【案例1】以"四个伟大"为引领，不断推进中国特色社会主义伟大事业 ……………………………………………………………… 147
  【案例2】不断增强党的政治领导力 ………………………………… 148
 实践课堂 ………………………………………………………………… 150
  实践一　征文比赛：纪念中国共产党成立98周年 ………………… 150
 延伸阅读 ………………………………………………………………… 150
  一、精选阅读 ………………………………………………………… 150
  二、推荐阅读 ………………………………………………………… 152
  三、至理名言 ………………………………………………………… 152

第一章

毛泽东思想及其历史地位

学习引导

【学习目标】

①掌握毛泽东思想形成发展的历史条件,了解毛泽东思想形成发展的过程。

②正确把握毛泽东思想的主要内容和活的灵魂。

③科学认识毛泽东思想的历史地位。

【学习重点】

①掌握毛泽东思想形成发展的历史条件。

②明确毛泽东思想的主要内容。

【学习难点】

①正确把握毛泽东思想活的灵魂。

②科学认识毛泽东思想的历史地位。

知识点睛

一、毛泽东思想的形成和发展

（一）毛泽东思想形成发展的历史条件

（1）19世纪末20世纪初，世界进入帝国主义和无产阶级革命时代。这是毛泽东思想形成和发展的时代条件。

（2）中国共产党领导人民进行革命和建设的成功实践是毛泽东思想形成和发展的实践基础。

（二）毛泽东思想形成发展的过程

1. 毛泽东思想的形成

第一次国内革命战争时期，毛泽东提出了新民主主义革命的基本思想。土地革命战争时期，毛泽东在其著作中，提出并阐述了农村包围城市、武装夺取政权的思想，标志着毛泽东思想的初步形成。

2. 毛泽东思想的成熟

新民主主义革命理论的系统阐述，实现了马克思主义与中国革命实践相结合的历史性飞跃，标志着毛泽东思想得到多方面展开而趋于成熟。1945年党的七大将毛泽东思想写入党章，确立为党必须长期坚持的指导思想。

3. 毛泽东思想的继续发展

解放战争时期和新中国成立以后，形成的关于社会主义革命和社会主义建设的重要思想，是毛泽东思想的丰富和发展。

二、毛泽东思想的主要内容和活的灵魂

（一）毛泽东思想的主要内容

1. 新民主主义革命理论

新民主主义革命理论是反映新民主主义革命客观规律的完备的理论形态。其基本点：一是认为中国资产阶级有两个部分：依附于帝国主义的大资产阶级和既有革命要求又有动摇性的民族资产阶级。二是认为由于帝国主义的侵略，

加之中国没有资产阶级民主，因此中国革命只能以长期的武装斗争为主要形式。

2. 社会主义革命和社会主义建设理论

新民主主义革命胜利后，毛泽东领导我们党，从理论和实践上解决了在中国这样一个占世界人口近1/4、经济文化落后的大国建立社会主义制度这一重大问题。在社会主义制度建立以后，毛泽东又领导全党和全国人民积极探索适合中国国情的社会主义建设道路，提出了一系列具有战略意义的正确思想和方针，对中国特色社会主义建设道路的探索具有重要的指导意义。

3. 革命军队建设和军事战略的理论

毛泽东系统解决了如何把以农民为主要成分的革命军队建设成为一支无产阶级性质的、具有严格纪律的、同人民群众保持亲密联系的新型人民军队的问题。在中华人民共和国成立以后，他提出必须加强国防，建设现代化革命武装力量和发展现代化国防技术的重要指导思想。

4. 政策和策略的理论

毛泽东精辟地论证了革命斗争中政策和策略问题的极端重要性，指出政策和策略是党的生命，必须根据政治形势、阶级关系和实际情况及其变化制定党的政策，把原则性和灵活性结合起来。

5. 思想政治工作和文化工作的理论

毛泽东根据"一定的文化（当作观念形态的文化）是一定社会的政治和经济的反映，又给予伟大影响和作用于一定社会的政治和经济；而经济是基础，政治则是经济的集中的表现"这个基本观点，提出许多具有长远意义的重要思想。他强调要全心全意为人民服务，对革命工作要极端负责，要艰苦奋斗和不怕牺牲。

6. 党的建设理论

在无产阶级人数很少而战斗力很强、农民和其他小资产阶级占人口大多数的国家，建设一个具有广泛群众性的、马克思主义的无产阶级政党，是极其艰巨的任务。毛泽东建党学说成功地解决了这个问题，为马克思主义建党理论增添了新的内容，为中国共产党的建设指明了正确方向。

（二）毛泽东思想活的灵魂

毛泽东思想的活的灵魂即实事求是、群众路线和独立自主。

1. 实事求是

实事求是就是一切从实际出发，理论联系实际，坚持在实践中检验真理和发展真理。

坚持实事求是，就要深入实际了解事物的本来面貌，把握事物内在必然联系，按照客观规律办事；就要清醒认识和正确把握我国基本国情；就要不断推进实践基础上的理论创新。

2. 群众路线

群众路线就是一切为了群众，一切依靠群众，从群众中来，到群众中去，把党的正确主张变为群众的自觉行动。群众路线是党的生命线和根本工作路线，是党永葆青春活力和战斗力的重要传家宝。

坚持群众路线，就要坚持人民是推动历史发展的根本力量；就要坚持全心全意为人民服务的根本宗旨；就要保持党同人民群众的血肉联系。

3. 独立自主

独立自主就是坚持独立思考，走自己的路，就是坚定不移地维护民族独立、捍卫国家主权，把立足点放在依靠自己力量的基础上，同时积极争取外援，开展国际经济文化交流，学习外国一切对我们有益的先进事物。独立自主是中华民族的优良传统，是中国共产党、中华人民共和国立党立国的重要原则，是我们党从中国实际出发、依靠党和人民力量进行革命、建设、改革的必然结论。

坚持独立自主，就要坚持中国的事情必须由中国人民自己处理；就要坚持独立自主的和平外交政策，坚定不移走和平发展道路。

三、毛泽东思想的历史地位

（一）马克思主义中国化的第一个重大理论成果

毛泽东思想是马克思主义中国化第一次历史性飞跃的理论成果，以独创性的理论丰富和发展了马克思列宁主义。

（二）中国革命和建设的科学指南

在毛泽东思想指引下，我们党领导全国人民，找到了一条新民主主义革命的正确道路，建立了中华人民共和国；找到了一条从新民主主义向社会主义过渡的道路，确立了社会主义基本制度，实现了中国历史上最深刻最伟大的社会变革。

（三）中国共产党和中国人民宝贵的精神财富

毛泽东思想基本原理、原则和科学方法具有普遍的指导意义，依然是中国人民不断奋进的强大精神动力，将长期激励和指导我们前进。

《历史决议》对毛泽东和毛泽东思想历史地位的评价：毛泽东是伟大的马克思主义者，伟大的无产阶级革命家、战略家和理论家。他为中国共产党和中国人民解放军的创立和发展，为中国各族人民解放事业的胜利，为中华人民共和国的缔造和社会主义事业的发展，建立了不可磨灭的功勋，为世界被压迫民族的解放和人类进步事业做出了重大贡献。由于在中国建设社会主义是一项崭新的事业，人们对如何走出一条适合中国国情的社会主义道路还缺少规律性认识，加上当时复杂严峻的国际环境的影响，我们党在社会主义建设道路的探索中发生过曲折。毛泽东的功绩是第一位的，错误是第二位的。

案例评析

【案例1】

纪念毛泽东诞辰120周年

2013年12月26日，中共中央在人民大会堂举行座谈会，纪念毛泽东同志诞辰120周年。中共中央总书记、国家主席、中央军委主席习近平发表重要讲话强调，我们要把党和人民九十多年的实践及其经验，当作时刻不能忘、须臾不能丢的立身之本，毫不动摇走党和人民在长期实践探索中开辟出来的正确道路，勿忘昨天的苦难辉煌，无愧今天的使命担当，不负明天的伟大梦想，在中国特色社会主义伟大道路上，为实现中华民族伟大复兴的中国梦，前进。

习近平在讲话中回顾了毛泽东同志一生的丰功伟绩，总结了以毛泽东同志为主要代表的中国共产党人对中国革命和建设做出的卓越贡献。习近平强调，在革命和建设的长期实践中，以毛泽东同志为主要代表的中国共产党人，根据马克思列宁主义基本原理，形成了适合中国情况的科学指导思想，这就是毛泽东思想。毛泽东思想以独创性理论丰富和发展了马克思列宁主义。我们将永远高举毛泽东思想的旗帜前进。

（资料来源：摘自《人民网》）

评析：毛泽东同志是伟大的马克思主义者，伟大的无产阶级革命家、战略家、理论家，是马克思主义中国化的伟大开拓者，是近代以来中国伟大的爱国者和民族英雄，是党的第一代中央领导集体的核心，是领导中国人民彻底改变自己命运和国家面貌的一代伟人。他留下的毛泽东思想不论过去、现在和将来，都是党的指导思想和中华民族宝贵的精神财富。

【案例2】

习近平的"网上群众路线"

走共享之路 "网"住民生福祉

网信事业发展为了谁？对于这一根本问题，习近平早已给出清晰答案：让每一个民众在互联网中得到切实的利益与实惠。

——瞄准农业现代化主攻方向，提高农业生产智能化、经营网络化水平，帮助广大农民增加收入。

甘肃陇南市武都区姚寨镇长塄村的网店自2014年注册运营以来，累计实现销售4万多笔，销售额500多万元，带动村里14户建档贫困户实现增收；"80后"小伙儿吴迪创办的开心农场依靠互联网技术实现了种植和管理智能化，仅靠一部手机就能打理500亩果园……

——发挥互联网优势，实施"互联网＋教育"，让山沟里的孩子也能接受优质教育。

据统计，全国中小学互联网接受率从2012年的25%上升到90%，学校网络教学环境明显改善。1000多万名中小学教师、10多万名中小学校长、20多万名职业院校教师接受信息化教育培训。"互联网＋教育"还推动了农村地区，特别是贫困地区教学方式的现代化转变，使教育资源实现多地共享，促进了公平教育。

——让百姓少跑腿、信息多跑路，解决办事难、办事慢、办事繁的问题。

近年来，全国各地不断地推进"互联网＋政务"建设。目前全国政府网站运行总数近3.2万家。中国政务微信总量近6000个，微信公众平台覆盖了从中央部委到省区市、从地县到乡镇的所有行政区域。

走共建之路 "网"罗社情民意

"知屋漏者在宇下，知政失者在草野。"习近平在"4.19"讲话中指出："很多网民称自己为'草根'，那网络就是现在的一个'草野'。网民来自老百姓，老百姓上了网，民意也就上了网。"习近平喊话各级党政机关和领导干部"经常上网看看，潜潜水、聊聊天、发发声"。

截至2018年2月底，中国庭审公开网直播庭审64.6万件，中国裁判文书网公开文书42783万份；今年两会，"部长通道""委员通道"和"代表通道"记者可以通过扫描二维码进行提问；政府工作报告、"两高"工作报告、中央预算报告都可以通过扫描二维码进行查看……

"让互联网成为我们同群众交流沟通的新平台，成为了解群众、贴近群众、为群众排忧解难的新途径，成为发扬人民民主、接受人民监督的新渠道。"习近平的嘱托让网络成为新媒体时代密切党群干群关系的"新纽带"。网络理政已经成为新时期领导干部的必修课。

"网信事业要发展，必须贯彻以人民为中心的发展思想。"这是习近平在2016年4月19日网络安全和信息化工作座谈会上讲话的核心，同时也指引着中国网络信息化的发展方向。新时代，"要让互联网发展成果惠及13亿多中国人民，更好造福各国人民"。

（资料来源：摘自《人民网》）

评析：群众路线是我们党的生命线和根本工作路线，是我们党永葆青春活力和战斗力的传家宝。目前，人类社会已进入互联网时代，我国已有7亿多网民。习近平同志强调，"各级党政机关和领导干部要学会通过网络走群众路线"。学会通过网络走群众路线，善于运用网络了解民意、开展工作，是领导干部在新形势下做好群众工作的基本功。

实践课堂

实践一 资料搜集：红色诗词赏析

【实践目的】

让学生通过赏析毛泽东的诗词，领略其不凡的人生经历和迷人的人格魅力，加深对中国革命历史和毛泽东思想的理解。

【实践方案】

时间：课余时间。

地点：课堂展示。

活动方式：分小组进行。

流程：

（1）分组。5人一组，设组长一名，各组通过讨论确定所需搜集的诗词名单。

（2）根据诗词名单搜集作品的作者、写作背景等相关资料。

（3）根据所得资料制作PPT，在课堂上展示并讲解。

实践二　资料搜集：数风流人物

【实践目的】

让学生通过此活动，了解我国共产党人的英雄事迹，学习共产党人实事求是、与时俱进的精神。

【实践方案】

时间：课余完成，课堂展示。

地点：教室。

活动方式：分小组进行。

流程：

（1）分组。5人一组，设组长一名，讨论确定搜集哪位党史人物的相关资料。

（2）确定党史人物名单，搜集其生平事迹，重点搜集能体现实事求是思想路线的党史资料。

（3）将所搜集的资料制作成PPT，在课堂上讲解展示。

延伸阅读

一、精选阅读

毛泽东题写"实事求是"

在中央党校大礼堂前的广场上，有一块石刻，上书"实事求是"4个大字。这是毛泽东为中央党校制定并亲笔题写的校训。

1943年年初，中央政治局推举毛泽东为政治局主席、书记处主席，并兼任中央党校校长。毛泽东出任中央党校校长后，采取了三大创新性举措：其一，对办学思想进行改革，停止执行理论与实际割裂、脱节的教学计划和安排，采用理论联系实际的教学方针；其二，鼓励学员参加大生产运动，一方面锻炼自己，另一方面通过自力更生，实现自给自足；其三，广泛开展文艺活动，活跃生活，配合教学。

中央党校在延安的两个礼堂，就是学员们自己建起来的。在建造过程中，设计图纸、运送材料、盖房等，大都是学员们自己动手完成的，其间只请了少量的石料工人。

大礼堂规模很大，能容纳千余人，1943年11月7日竣工。将要竣工时，学员们左看右看，总感觉少了点什么。有人提议在礼堂正面的墙上，挂个校训题词。一说到题词，大家就很自然地想到了中央宣传部的范文澜老先生。但范文澜试着写了几条，自己都不满意，便提议去找毛泽东写。毛泽东欣然答应，立即叫人拿来4张二尺见方的麻纸。他沉思片刻，饱蘸浓墨，迅速挥毫，"实事求是"4个雄健潇洒的大字随即跃然纸上。在场的人齐声称赞，这4个字的含义精深、透彻，抓住了中央党校的办学精神。

随后，大家请来能工巧匠，选了4块方方正正的石料，将麻纸铺在方石上，照笔画开凿。没过多久，"实事求是"分毫不差地"印"在方石上。可惜，毛泽东的这一墨宝被凿坏，未能保留下来。

1947年3月，国民党将领胡宗南率军进攻延安，中共中央主动转移。国民党军队进入延安后，中央党校的大礼堂遭到破坏。幸好刻着"实事求是"的4块方石，被倒塌的墙壁埋住，因而得以保存。1948年4月，西北野战军收复延安，在清理中央党校大礼堂的废墟时，找到了这4块完好无损的方石。如今，它们被保存在延安革命纪念馆内。

（资料来源：摘自《新华网》）

阅读感言

二、推荐阅读

1. 《中国共产党中央委员会关于建国以来党的若干历史问题的决议》，《三中全会以来重要文献选编》下，中央文献出版社2011年版。

2. 毛泽东：《论联合政府》，《毛泽东选集》第3卷，人民出版社1991年版。

3. 毛泽东：《实践论》，《毛泽东选集》第1卷，人民出版社1991年版。

4. 习近平：《在纪念毛泽东同志诞辰120周年座谈会上的讲话》，人民出版社2013年版。

三、至理名言

人民，只有人民，才是创造世界历史的动力。

——毛泽东

领导我们事业的核心力量是中国共产党。指导我们思想的理论基础是马克思列宁主义。

——毛泽东

只有忠于事实，才能忠于真理。

——周恩来

毛泽东思想的基本点就是实事求是，就是把马列主义的普遍原理同中国革命的具体实践相结合。

——邓小平

在革命和建设长期实践中，以毛泽东同志为主要代表的中国共产党人，根据马克思列宁主义基本原理，形成了适合中国情况的科学指导思想，这就是毛泽东思想。毛泽东思想以独创性理论丰富和发展了马克思列宁主义。

——习近平

第二章

新民主主义革命理论

学习引导

【学习目标】

①了解新民主主义革命理论的形成过程。

②了解中国革命的根本任务。

③掌握新民主主义革命的总路线和基本纲领。

④熟悉新民主主义革命的道路。

⑤明确新民主主义革命的三大法宝。

⑥认识新民主主义理论对中国革命具有的重要指导意义。

【学习重点】

①明确近代中国的国情和中国革命的根本任务。

②掌握新民主主义革命的总路线和基本经验。

【学习难点】

①掌握新民主主义与旧民主主义的区别和联系。

②明确新民主主义革命理论与中国革命实践之间的关系。

知识点睛

一、新民主主义革命理论形成的依据

（一）近代中国国情和中国革命的时代特征

认清中国国情，是解决中国革命问题的基本前提。

1. 近代中国国情

鸦片战争后，由于西方列强的入侵，由于封建统治的腐败，中国逐渐成为半殖民地半封建社会，这是近代中国最基本的国情。

2. 近代中国的社会矛盾

近代中国社会矛盾错综复杂，占支配地位的主要矛盾是帝国主义和中华民族的矛盾、封建主义和人民大众的矛盾，而帝国主义和中华民族的矛盾是各种矛盾中最主要的矛盾。

3. 近代中国革命的根本任务

近代中国革命的根本任务是推翻帝国主义、封建主义和官僚资本主义的统治，从根本上推翻反动腐朽的政治上层建筑，变革阻碍生产力发展的生产关系，为建设富强民主的国家、确立人民当家作主的政治制度、改善人民生活扫清障碍，创造必要的前提。

4. 近代中国革命的时代特征

近代中国的社会性质和主要矛盾决定了中国革命仍然是资产阶级民主革命。中国革命的时代特征为：①从鸦片战争到辛亥革命期间，中国人民在不同时期和不同程度上进行的反帝反封建的斗争，属于旧式民主主义革命的范畴；②在十月革命的影响下，1919年五四运动之后，中国无产阶级开始以独立的政治力量登上历史舞台，由自在阶级转变为自为阶级。以"五四运动"为开端，近代中国革命进入新民主主义革命阶段。

（二）新民主主义革命理论的实践基础

新民主主义革命理论不是凭空产生的，而是适应新民主主义革命的实践需要，在认真总结中国革命经验教训的基础上形成的。

（1）旧民主主义革命的失败呼唤新的革命理论。

（2）新民主主义革命的艰辛探索奠定了革命理论形成的实践基础。

二、新民主主义革命的总路线和基本纲领

（一）新民主主义革命的总路线

1. 新民主主义革命的总路线

1939年，毛泽东在《中国革命和中国共产党》一文中第一次提出了"新民主主义革命"的科学概念。1948年，他在《在晋绥干部会议上的讲话》中完整地表述了总路线的内容，即无产阶级领导的，人民大众的，反对帝国主义、封建主义和官僚资本主义的革命。

2. 新民主主义革命的对象

近代中国社会的性质和主要矛盾决定了中国革命的主要敌人即中国革命的对象，就是帝国主义、封建主义和官僚资本主义。

3. 新民主主义革命的动力

新民主主义革命的动力包括无产阶级、农民阶级、城市小资产阶级和民族资产阶级。

4. 新民主主义革命的领导力量

无产阶级的领导权是中国革命的中心问题，也是新民主主义革命理论的核心问题。区别新旧两种不同范畴的民主主义革命的根本标志是革命的领导权掌握在无产阶级手中还是掌握在资产阶级手中。

5. 新民主主义革命的性质

近代中国半殖民地半封建社会的性质和中国革命的历史任务，决定了中国革命的性质是资产阶级民主主义革命。

6. 新民主主义革命表现出的新内容和特点

新民主主义革命与旧民主主义革命相比有其新的内容和特点，集中表现在中国新民主主义革命处于世界无产阶级社会主义革命的时代，是世界无产阶级社会主义革命的一部分；革命的领导力量是中国无产阶级及其先锋队——中国共产党；革命的指导思想是马克思列宁主义；革命的前途是社会主义而不是资本主义。

7. 新民主主义革命与社会主义革命的区别

新民主主义革命与社会主义革命的性质不同。新民主主义革命属于资产阶级民主主义的革命范畴，它以推翻帝国主义、封建主义和官僚资本主义的反动统治为目标。社会主义革命是无产阶级性质的革命，它所要实现的目标是消灭

资本主义剥削制度和改造小生产的私有制。

8. 新民主主义革命与社会主义革命的联系

新民主主义革命与社会主义革命是相互联系、紧密衔接的，中间不容横插一个资产阶级专政。"民主主义革命是社会主义革命的必要准备，社会主义革命是民主主义革命的必然趋势。"

（二）新民主主义的基本纲领

1. 政党纲领的内涵

一个政党的纲领是公开树立起来的一面旗帜，是表明党的性质的重要标志。

2. 新民主主义的政治纲领

推翻帝国主义和封建主义的统治，建立一个无产阶级领导的、以工农联盟为基础的、各革命阶级联合专政的新民主主义的共和国。

新民主主义国家的国体：无产阶级领导的以工农联盟为基础，包括小资产阶级、民族资产阶级和其他反帝反封建的人们在内的各革命阶级的联合专政。

与新民主主义国家的国体相适应的政体：实行民主集中制的人民代表大会制度。

3. 新民主主义的经济纲领

没收封建地主阶级的土地归农民所有，没收官僚资产阶级的垄断资本归新民主主义的国家所有，保护民族工商业。

4. 新民主主义的文化纲领

新民主主义的文化，就是无产阶级领导的人民大众的反帝反封建的文化，即民族的科学的大众的文化。

三、新民主主义革命的道路和基本经验

（一）新民主主义革命的道路

中国共产党在马克思主义指导下，立足中国国情，走出了一条不同于俄国十月革命的道路，即农村包围城市、武装夺取政权的革命道路。

1. 新民主主义革命道路形成的必然性

中国革命必须走农村包围城市、武装夺取政权的道路，是由中国的特殊国情决定的：①在半殖民地半封建的中国社会里，内无民主制度而受封建主义的压迫，外无民族独立而受帝国主义的压迫；②近代中国是一个农业大国，农民

占全国人口的绝大多数，是无产阶级可靠的同盟军和革命的主力军。

2. 新民主主义革命道路的内容

中国革命走农村包围城市、武装夺取政权的道路，根本在于处理好土地革命、武装斗争、农村革命根据地建设三者之间的关系。

土地革命是民主革命的基本内容；武装斗争是中国革命的主要形式，是农村根据地建设和土地革命强有力的保证；农村革命根据地是中国革命的战略阵地，是进行武装斗争和开展土地革命的依托。在党的领导下，实现土地革命、武装斗争、农村革命根据地建设三者的密切结合和有机统一。

3. 新民主主义革命道路的意义

中国革命道路理论反映了中国半殖民地半封建社会民主革命发展的客观规律。中国革命道路理论是党运用马克思主义的立场、观点和方法，分析、研究和解决中国革命具体问题的光辉典范，对于推进马克思主义中国化具有重要的方法论意义。

（二）新民主主义革命的三大法宝

1. 统一战线

统一战线是无产阶级政党策略思想的重要内容。建立最广泛的统一战线，首先是由中国半殖民地半封建社会的阶级状况所决定的；其次是由中国革命的长期性、残酷性及其发展的不平衡性所决定的。

（1）中国共产党领导的革命统一战线包含着两个联盟：一个是工人阶级同农民阶级、广大知识分子及其他劳动者的联盟，主要是工农联盟；另一个是工人阶级和非劳动人民的联盟，主要是与民族资产阶级的联盟。第一个联盟是统一战线的基础，第二个联盟是中国革命取得胜利的保障。

（2）党建立、巩固和发展统一战线的实践经验主要包括：①建立巩固的工农联盟；②正确对待资产阶级，尤其是民族资产阶级；③要采取区别对待的方针，坚持发展进步势力、争取中间势力、鼓励顽固势力；④要坚持独立自主原则，保持党在政治上、组织上和思想上的独立性。

2. 武装斗争

（1）武装斗争的重要性：武装斗争是中国革命的特点和优点之一。毛泽东指出："在中国，离开了武装斗争，就没有无产阶级的地位，就没有人民的地位，就没有共产党的地位，就没有革命的胜利。"

（2）党在新民主主义革命时期开展武装斗争的革命经验包括：①坚持党对军队的绝对领导；②建设全心全意为人民服务的人民军队；⑧坚持正确的战略

战术原则。

3. 党的建设

中国共产党在加强自身建设中积累的经验归纳起来主要有：①必须把思想建设始终放在首位；②必须在任何时候都重视党的组织建设；③必须重视党的作风建设；④必须联系党的政治路线加强党的建设。

统一战线、武装斗争和党的建设三者之间的关系：统一战线和武装斗争是中国革命的两个基本特点，是战胜敌人的两个基本武器。统一战线是实行武装斗争的统一战线，武装斗争是统一战线的中心支柱，党的组织则是掌握统一战线和武装斗争这两个武器以实行对敌冲锋陷阵的英勇战士。

（三）新民主主义革命理论的意义

新民主主义革命理论的意义包括：①新民主主义革命理论，揭示了近代中国革命发展的客观规律，解决了在一个以农民为主体的、落后的半殖民地半封建的东方大国里进行革命的一系列理论问题。②在新民主主义革命理论的指导下，党团结带领人民完成了新民主主义革命，建立了中华人民共和国。中国人民从此站起来了，劳动人民成为国家和社会的主人，开创了中国历史的新纪元。③中国新民主主义革命的伟大胜利，是20世纪继俄国十月社会主义革命以后改变世界面貌的伟大历史事件，有力地鼓舞和推动了世界上被压迫民族和被压迫人民反抗帝国主义、殖民主义的斗争，极大地增强了他们反对帝国主义斗争的信心，增强了世界人民争取世界和平的力量。

案例评析

【案例1】

去当红色"山大王"

秋收起义几仗打下来，部队相继失利，损失很大，队伍"竟至溃不成军"。面对湘赣边界起义的严重受挫，起义军是继续进攻还是实行退却？如果退却，向哪里退比较适宜呢？1927年9月19日晚，毛泽东在文家市里仁学校主持召开由师、团主要负责人参加的前敌委员会会议，讨论工农革命军今后的行动方向问题。毛泽东清醒地对客观形势作出判断，毅然主张放弃进攻长沙，把起义军向南转移到敌人统治力量薄弱的农村山区。毛泽东拿着一份从学校借来的地图，指着湘赣边界山形最宽的部分，用生动形象的比喻说："这里像眉毛一样的地方，是罗霄山脉中段，最适合做我们的落脚点，我们要到那里去当'山大王'。"

会议经过激烈争论，大多数同志同意毛泽东的主张，也有一些同志不同意毛泽东的意见，师长余洒度就竭力反对，他说："不反攻浏阳直取长沙，革命了半天，却退到农村，革到山上做山大王了，这叫什么革命呢？"毛泽东耐心地说："我们这个山大王是红色的'山大王'，而不是过去的'山大王'是代表人民利益的工农武装，是共产党领导的，有主义、有政策、有办法的山大王。中国政治不统一，经济发展不平衡，矛盾很多，我们要找敌人统治薄弱的地方。"毛泽东的话通俗易懂，包含着极其丰富的深刻的真理。在总指挥卢德铭等坚决支持下，会议通过毛泽东的主张，"决议退往湘南"。

部队自转兵南下以来，一路上连续作战，战斗力大大减弱，少数伤病员因缺医少药而牺牲，有些人因为怕艰苦而不辞而别。毛泽东为此内心焦灼，他清楚地知道，如果不马上解决这些问题，部队就很难继续前进。9月29日，部队来到永新县三湾村。当晚，毛泽东召开中共前敌委员会扩大会议，讨论部队现状及解决的措施，决定对部队实行整顿和改编，这就是我军历史上著名的"三湾改编"。

随后，毛泽东率领这支小部队继续向井冈山转移。从文家市到茨坪，历时一个多月，行程1000多里，终于将红旗插上了井冈山。

（资料来源：摘自《中国共产党新闻网》）

评析：本案例表明在面对中国革命的道路究竟应该怎么走的问题时，以毛泽东为代表的中国共产党人高瞻远瞩，果断决定向敌人统治力量薄弱的农村"退却"，向井冈山进军。这一"退"，退出了中国革命一个全新的、具有突破性的转折点；这一"退"，开创出了农村包围城市、武装夺取政权的新起点。胡锦涛同志在2007年7月26日中共中央政治局第四十二次集体学习的重要讲话中指出："南昌起义和井冈山革命根据地的建立，是我们党把马克思主义基本原理同中国革命具体实践相结合、创立中国化的马克思主义的伟大开篇。"

【案例2】

习近平再提中共进京赶考：向人民交出优异答卷

1949年3月23日，西柏坡，一个特殊的历史节点。

土坯房前，老槐树下，握别依依不舍的父老乡亲，毛泽东率领中共中央机关动身前往北平。春风料峭，朝阳流金。毛泽东面带微笑，大手一挥："进京赶考去！"

2013年7月11日，同是西柏坡，同是一个重要的历史节点。

站在九月会议旧址前，习近平神色凝重，目光穿越历史。此时，中国正处在全面建成小康社会、实现中华民族伟大复兴"中国梦"的关键阶段。面对历史和未来，他再次提出"赶考"问题："要继续把人民对我们党的'考试'、把我们党正在经受和将要经受各种考验的'考试'考好，努力交出优异的答卷！"

考题之一："总开关"拧得紧不紧？

坚定理想信念，切实解决好世界观、人生观、价值观这个"总开关"问题。理想信念就是共产党人精神上的"钙"，没有理想信念，理想信念不坚定，精神上就会"缺钙"，就会得"软骨病"。"总开关"问题没有解决好，这样那样的出轨越界、跑冒滴漏就在所难免。

考题之二：作风"篱笆"扎得严不严？

作风问题关系人心向背，关系党的执政基础。我们一定要牢记"奢靡之始，危亡之渐"的古训，对作风之弊、行为之垢来一次大排查、大检修、大扫除，切实解决人民群众反映强烈的突出问题。

考题之三：发展轨道正不正？政绩观正确不正确？

要坚决把中央关于推动经济社会又好又快发展的要求落到实处，不要顾虑重重、瞻前顾后，更不要为生产总值增长率、全国排位等纠结。要坚持不简单化地以国内生产总值增长率论英雄。

考题之四：为了谁？依靠谁？我是谁？

我们党来自人民、植根人民、服务人民，党的根基在人民、血脉在人民、力量在人民。失去了人民拥护和支持，党的事业和工作就无从谈起。

"赶考"永无止境，从实现"两个一百年"奋斗目标到实现中华民族伟大复兴的"中国梦"，我们正在征程中。所有领导干部和全体党员要继续把人民对我们党的"考试"、把我们党正在经受和将要经受各种考验的"考试"考好，努力交出优异的答卷。

（资料来源：摘自《新华网》）

评析：1949年春天，中国革命即将取得在全国的胜利，中国共产党即将成为全国范围内的唯一执政党。毛泽东担心党内骄傲情绪滋长，一些共产党人经不起糖衣炮弹的攻击，在进京前告诫全党党员：夺取全国胜利，这只是万里长征走完了第一步，务必继续保持谦虚、谨慎、不骄、不躁的作风，务必保持艰苦奋斗的作风。

2013年7月，习近平总书记再提"进京赶考"，指出党面临的"赶考"远未结束。所有领导干部和全体党员要坚定理想信念，全心全意为人民服务，继续把人民对我们党的"考试"、把我们党正在经受和将要经受各种考验的"考试"

考好，努力交出优异的答卷。

实践课堂

实践一　实地考察：追寻红色记忆

【实践目的】

让学生通过此活动，认识革命的艰苦卓绝，培养爱国主义精神，深入理解中国革命走农村包围城市、武装夺取政权道路的必要性及重大意义。

【实践方案】

时间：课余时间。

地点：当地的革命纪念馆、革命先烈故居等地。

活动方式：分小组考察。

流程：

(1) 分组。5人一组，设组长一名。

(2) 到当地的革命纪念馆、革命先烈故居等地进行参观考察。

(3) 通过实地考察了解当时发生的革命故事。

(4) 寻找当地的老党员，听一听他们的故事。

(5) 活动后，每人撰写一篇心得体会。

实践二　诵读经典：领略著作魅力之《反对本本主义》

【实践目的】

让学生通过此活动，了解《反对本本主义》发表的背景，以及这本著作当时在中国革命中发挥的重大作用，并且思考《反对本本主义》对当代青年有什么启示。

【实践方案】

时间：课余时间。

活动方式：个人诵读，撰写读后感。

流程：

(1) 教师给学生布置诵读任务。

(2) 学生课后诵读，并与同学交流诵读体会。

(3) 学生结合自身情况，撰写读后感。

延伸阅读

一、精选阅读

雨花台，燃起共产党人的精神火炬

在南京城南，有一座美丽的山冈叫雨花台，那里松柏苍翠，四季常青。

习近平总书记在视察江苏时指出："在大革命时期，江苏是我们党活动的重要区域，在雨花台留下姓名的烈士就有1519名。他们的事迹展示了共产党人的崇高理想信念、高尚道德情操和为民牺牲的大无畏精神。要注意用好用活丰富的党史资源，使之成为激励人民不断开拓前进的强大精神力量。"

回顾历史，鲜血生命谱写光明赞歌

1921年，隆冬季节的莫斯科处于冰雪酷寒中。然而，普希金广场旁的一幢三层建筑内，莫斯科东方劳动者共产主义大学中国留学生的简陋宿舍里，却经常传出激越嘹亮的歌声："同志们，向太阳，向自由，向着光明走！同志们，黑暗已消灭，曙光在前头！"这首列宁生前最喜爱的俄文歌曲《光明赞》，被译成中文后，在中国学子中传唱。

这首歌的译者就是谢文锦，1923年回国后，他先后在广州、浙江、上海、南京等地从事革命活动，33岁即献身于中国人民的解放事业，用鲜血和生命谱写了另一首永恒的光明赞歌！

穿越时空，红色基因成为精神财富

雨花英烈鲜血染就的一抹红色，是一份不灭的红色记忆，更是一份宝贵的红色资源。习近平总书记多次指出："要把红色资源利用好、把红色传统发扬好、把红色基因传承好。"

"我身上没有一件值钱的东西，只有一副近视眼镜，值几个钱？我身上的磷，只能做四盒洋火。我愿我的磷发出更多的热和光。我希望它燃烧起来，烧掉古老的中国，诞生一个新中国！"这是雨花英烈恽代英在1920年写下的一首诗。这位革命家被称作"那个时代呼唤革命风暴最矫健的海燕"，影响了整整一代青年。

开拓未来，雨花精神助国民族梦想

习近平总书记指出："学习党史、国史，是坚持和发展中国特色社会主义、把党和国家各项事业继续推向前进的必修课。这门功课不仅必修，而且必须修好。"

今天，当我们再一次走近雨花台，再一次走近革命烈士壮丽的人生，再一次重温一个个烈士英名和他们的业绩，仍然能深刻感受到革命烈士崇高精神和伟大魂魄的强大震撼力和无穷感召力。"雨花台"放射出来的绚丽光芒，将永远照亮人们的心灵，照亮实现中华民族伟大复兴"中国梦"的奋斗之路。

（资料来源：摘自《新华日报》）

阅读感言

二、推荐阅读

1. 毛泽东：《星星之火，可以燎原》，《毛泽东选集》第1卷，人民出版社1991年版。

2. 毛泽东：《中国社会各阶级的分析》，《毛泽东选集》第1卷，人民出版社1991年版。

3. 毛泽东：《新民主主义论》，《毛泽东选集》第2卷，人民出版社1991年版。

4. 韩晓青：《〈新民主主义论〉导读》，中共中央党校出版社2014年版。

5. 中共中央党史研究室：《中国共产党历史：1921—1949年》，中共党史出版社2011年版。

三、至理名言

枪杆子里面出政权。

——毛泽东

调查就像"十月怀胎"，解决问题就像"一朝分娩"。调查就是解决问题。

——毛泽东

雄关漫道真如铁，而今迈步从头越。

——毛泽东

断头今日意如何？创业艰难百战多。此去泉台招旧部，旌旗十万斩阎罗。

——陈毅

  毛泽东同志在长期革命斗争中立下的伟大功勋是不可磨灭的。如果没有他的卓越领导,没有毛泽东思想,中国革命有极大的可能到现在还没有胜利,那样中国人民就还处在帝国主义、封建主义、官僚资本主义的反动统治之下,我们党就还在黑暗中苦斗。

——《中国共产党十一届三中全会公报》

第三章

社会主义改造理论

学习引导

【学习目标】

①了解新民主主义社会的社会性质，认识新民主主义社会向社会主义社会过渡的条件和必要性。

②了解过渡时期的总路线及其理论依据。

③掌握农业、手工业和资本主义工商业社会主义改造的基本经验。

④认识社会主义改造和社会主义改革的关系。

⑤了解社会主义基本制度的确立及其理论依据，理解确立社会主义基本制度的重大意义。

【学习重点】

①理解新民主主义社会的性质，掌握其特点。

②掌握"一化三改"的含义及其相互关系。

③明确我国对资本主义工商业改造采取和平赎买方式的必要性。

【学习难点】

①理解中国走上社会主义道路是历史的选择。

②领悟社会主义改造的主要经验对于我们今天正在进行的中国特色社会主义建设伟大事业的启示。

知识点睛

一、从新民主主义到社会主义的转变

(一) 过渡时期我国的社会性质

从中华人民共和国成立到社会主义改造基本完成,是我国从新民主主义到社会主义的过渡时期。这一时期我国的社会性质是新民主主义社会。新民主主义社会不是一个独立的社会形态,而是由新民主主义向社会主义转变的过渡性社会形态。

1. 新民主主义社会中的经济成分

新民主主义社会存在着五种经济成分,即社会主义性质的国营经济、半社会主义性质的合作社经济、农民和手工业者的个体经济、私人资本主义经济和国家资本主义经济。其中,社会主义经济、个体经济和资本主义经济是主要的经济成分。

2. 新民主主义时期中国社会的阶级构成

新民主主义时期中国社会的阶级构成主要是工人阶级、农民阶级和其他小资产阶级、民族资产阶级等基本的阶级力量。

(二) 党在过渡时期的总路线及其理论依据

1. "两个转变"

1949年党的七届二中全会,提出了使中国"稳步地由农业国转变为工业国,由新民主主义国家转变为社会主义国家"即"两个转变"同时并举的思想。

2. 党在过渡时期的总路线的提出

1953年6月,毛泽东在中央政治局会议上正式提出过渡时期的总路线和总任务,同年12月形成了关于总路线的完整表述:"从中华人民共和国成立,到社会主义改造基本完成,这是一个过渡时期。党在这个过渡时期的总路线和总任务,是要在一个相当长的时期内,逐步实现国家的社会主义工业化,并逐步实现国家对农业、手工业和对资本主义工商业的社会主义改造。"

(三) 党在过渡时期的总路线的主要内容及其意义

(1) 主要内容:党在过渡时期的总路线的主要内容被概括为"一化三改"。

"一化"即社会主义工业化，"三改"即对个体农业、手工业和对资本主义工商业的社会主义改造。

（2）意义："一化三改"是一条社会主义建设与社会主义改造同时并举的路线，体现了社会主义工业化和社会主义改造的紧密结合，体现了解放生产力与发展生产力、变革生产关系与发展生产力的有机统一。

（四）党在过渡时期的总路线的理论依据

（1）马克思、恩格斯在创立科学社会主义理论时，就提出了从资本主义社会向社会主义社会过渡的问题。

（2）列宁在指导俄国无产阶级革命和世界被压迫民族的解放斗争中，进一步发展了马克思、恩格斯的革命转变思想。

（3）以毛泽东为主要代表的中国共产党人，在马克思列宁主义的理论指导下，积极探讨新民主主义革命胜利后中国社会逐步向社会主义过渡的问题。

（4）新中国成立后，党又在马克思列宁主义关于过渡时期的理论的指导下，依据中国的具体情况，适时制定了党在过渡时期的总路线。党在过渡时期的总路线将马克思列宁主义关于过渡时期的理论在中国具体化了，形成了中国化的过渡时期理论，为中国社会主义改造提供了行动指南。

二、社会主义改造道路和历史经验

（一）适合中国特点的社会主义改造道路

1. 农业的社会主义改造

对农业进行社会主义改造的方法包括：①积极引导农民组织起来，走互助合作道路；②遵循自愿互利、典型示范和国家帮助的原则，以互助合作的优越性吸引农民走互助合作道路；③正确分析农村的阶级和阶层状况，制定正确的阶级政策；④坚持积极领导、稳步前进的方针，采取循序渐进的步骤。

2. 手工业的社会主义改造

（1）方针：积极引导、稳步前进。

（2）方法步骤：从供销合作社入手，逐步发展到走生产合作的道路。具体来说，手工业的社会主义改造经历了由小到大、由低级到高级的三个步骤：第一步是办手工业供销小组；第二步是办手工业供销合作社；第三步是建立手工业生产合作社。

3. 资本主义工商业的社会主义改造

（1）用和平赎买的方法改造资本主义工商业。

①赎买的含义：赎买就是国家有偿地将私营企业改变为国营企业，将资本主义私有制改变为社会主义公有制。②赎买的具体方式：不是由国家支付一笔巨额补偿资金，而是让资本家在一定年限内从企业经营所得中获取一部分利润。

（2）采取从低级到高级的国家资本主义的过渡形式。

资本主义工商业的社会主义改造经历了三个步骤：第一步主要实行初级形式的国家资本主义；第二步主要实行个别企业的公私合营；第三步是实行全行业的公私合营。

（3）把资本主义工商业者改造成自食其力的社会主义劳动者。

（二）社会主义改造的历史经验

社会主义改造的历史经验主要有：①坚持社会主义工业化建设与社会主义改造同时并举；②采取积极引导、逐步过渡的方式；③用和平方法进行改造。

三、社会主义制度在中国的确立

（一）社会主义基本制度的确立及其理论根据

1. 社会主义基本制度初步确立的标志

1956年底，我国对农业、手工业和资本主义工商业的社会主义改造的基本完成，我国社会经济结构发生了根本变化，社会主义经济成分已占绝对优势，社会主义公有制已成为我国社会的经济基础，标志着中国历史上长达数千年的阶级剥削制度的结束和社会主义基本制度的确立。

2. 社会主义基本制度确立的理论依据

列宁认为，世界历史发展的一般规律不仅丝毫不排斥个别发展阶段在发展的形式或顺序上表现出特殊性，而且以此为前提。列宁还预言，在东方那些人口无比众多、社会情况无比复杂的国家里，今后的革命无疑会比俄国革命带有更多的特殊性。

毛泽东曾用英、法、德、美、日等国家的历史发展说明："生产关系的革命，是生产力的一定发展所引起的。但是生产力的大发展，总是在生产关系改变以后。"邓小平结合中国的情况指出："我们也是反对庸俗的生产力论"，"当时中国有了先进的无产阶级的政党，有了初步的资本主义经济，加上国际条件，所以在一个很不发达的中国能搞社会主义。这和列宁讲的反对庸俗的生产力论一样。"

（二）确立社会主义基本制度的重大意义

确立社会主义基本制度的重大意义表现为：①社会主义基本制度的确立是中国历史上最深刻最伟大的社会变革，为当代中国一切发展进步奠定了制度基础，也为中国特色社会主义制度的创新和发展提供了重要条件；②社会主义基本制度的确立，极大地提高了工人阶级和广大劳动人民的积极性、创造性，极大地促进了我国社会生产力的发展；③社会主义基本制度的确立，使广大劳动人民真正成为国家的主人；④中国社会主义基本制度的确立，使占世界人口四分之一的东方大国进入了社会主义社会，这是世界社会主义运动史上又一个历史性的伟大胜利；⑤社会主义基本制度在中国的确立，不仅再次证明了马克思主义的真理性，而且以其独创性的理论原则和经验总结丰富和发展了科学社会主义理论。

案例评析

【案例1】

制度优势是迎击贸易战的关键底气

2018年，美国挑起了对华贸易战，中国被迫应战且底气足。中国底气足，除了站在道义高地上，有改革开放40年积累的坚实国力等显见因素外，一个关键因素是——中国拥有集中力量办大事、组织动员能力强大的制度优势。正如习近平总书记所说，"我们最大的优势是我国社会主义制度能够集中力量办大事。"

正是因为这种制度优势，重大决策一旦形成，中国就能够迅速动员起各方面资源，全力以赴完成，而不至于议而不决、决而不行。看看美国每次竞选政党轮替之后国家政策路线的变化，再对比中国对"解放和发展社会生产力"的长期坚持，不能不给人以深刻印象。

正是凭借这一制度优势，中国只用了世界经济史上相当短的时间就从积贫积弱成功实现从"站起来"到"富起来"再到"强起来"的历史性变革。也正是依托这一制度优势，中国能够有效动员一切力量，不仅仅应对眼下的贸易战，还预先为可能的国际宏观经济变局做好准备。

（资料来源：摘自《人民网》）

评析：新中国成立以后，我党选择了社会主义道路，并通过社会主义改造，完成了从新民主主义到社会主义的过渡，确立了社会主义基本制度，为当代中国一切发展进步奠定了制度基础，也为中国特色社会主义制度的创新和发展提供了重要前提。多年的实践经验证明，我国社会主义制度能够集中力量办大事，是我们的最大优势。

【案例2】

荣毅仁接受改造，陈毅称其为"红色资本家"

新中国成立前，位于上海及江浙一带的民族工商业的商人，又开始了大规模的对于出路的抉择。当时的"十大资本家"有9家举家迁徙，有的赴美或者赴欧，有的则跟随蒋介石去了台湾。

荣氏家族的大部分人也选择了离开，唯独荣德生执意留下来，荣毅仁也随父亲留了下来。留下的荣毅仁接手了上海的荣氏企业。而此时的荣氏工厂，已经是个烂摊子，被其他荣姓家族抽走至海外的资金高达1000多万美金。

1950年2月，国民党的飞机再次轰炸上海，导致了上海工商业的突然崩溃：工厂停工，资金短缺，销路不振。那时正处在春节前夕，申新纺织几乎发不出工资。申新六厂的一些女工直接找到荣毅仁家，堵在荣家的客厅，大有"不拿到工资不出荣家门的架势"。陈毅很快得知了此事，马上找总工会的负责人前去疏通工作，并帮厂里申请了贷款，让他们暂渡难关。

1950年，荣毅仁从申新自身的生存出发，思考出"加工订货"的想法。当时的中央财委主任陈云对此高度重视，很快就将其在全国推行。

但是，抗美援朝战争爆发后，一些商人为了完成政策任务，开始在商品里以次充好。最严重的是，解放军攻打舟山群岛，需要白棕绳，而次品使得绳索在战斗中绷裂，造成11艘船沉没，80人牺牲。陈毅对此大怒不已，1951年底开始了三反五反运动。

1954年，荣毅仁带头拉开申新纺织与政府公私合营的大幕。荣毅仁说："社会主义是大势所趋，不走也得走。只要接受改造，大家都会有饭吃有工作，而且可以保留消费财产。"由此，荣家发展了半个世纪的产业，变为国家所有。荣毅仁也因此举获得了共产党的尊重，在其最辉煌时，曾担任中国国家副主席。

（资料来源：摘自《中国新闻周刊》）

评析：党和政府在推进农业手工业改造的同时，也有计划、有步骤地开展了对资本主义工商业的社会主义改造。变革必然会带来"阵痛"，将具有剥削性质的资本主义工商业者改造成为自食其力的社会主义劳动者必然会遇到一些阻力。但是，根据我们国家的特殊情况，在对资本主义工商业的改造中，采用了和平赎买的方式，避免了激烈的阶级对抗，减少了改造的阻力，推动了生产力的发展和社会的进步。

实践课堂

实践一　观看视频：感受银幕经典——《正道沧桑——社会主义 500 年》之《春天脚步》

【实践目的】

让学生通过观看视频，更加直观地了解我国社会主义改造的历史过程，认识社会主义改造的重大意义。

【实践方案】

时间：课上时间。

地点：多媒体教室。

活动方式：师生一同观看视频。

流程：

（1）教师组织学生前往多媒体教室，播放视频让学生观看。

（2）观看结束后，让学生相互交流讨论，谈谈自己的感受。

（3）请几名学生发表自己的感想。

（4）教师总结，并让学生课下观看有关社会主义改造的视频（如《荣毅仁与荣氏家族百年传奇》），撰写一篇观后感。

实践二　讨论：社会主义改造和社会主义改革是一样的吗？

【实践目的】

让学生通过此活动，更加深入地了解社会主义改造理论，激发思想活力，培养理论联系实践的能力。

【实践方案】

时间：课上时间。

地点：教室。

活动方式：分小组讨论，发表意见。

流程：

（1）分组。5人一组，设组长一名，记录员一名。组长明确讨论主题和方向。

（2）第一次发言。抽签产生1号、2号、3号……为第一次发言的序号。发言开始，每人发言时间不超过3分钟。记录员控制发言时间并记录发言内容。

（3）第二次发言。抽签产生1号、2号、3号……为第二次发言的序号。发言开始，每人发言时间不超过1分钟。记录员控制发言时间并记录发言内容。

（4）发言完毕后，组长与组员在记录的基础上讨论，得出简要结论。

（5）各组组长在课堂上陈述自己小组的结论，并作简要解释。

（6）教师组织全班学生对讨论过程中产生的焦点问题进行进一步讨论，最后对讨论活动作点评。

延伸阅读

一、精选阅读

公私合营前后的北京同仁堂

提起同仁堂，家喻户晓，它是我国久负盛名的中医药企业，始创于清康熙八年，距今已有330多年的历史。

北京解放前夕，同仁堂的经营状况十分危急，只能勉强度日。1949年3月，同仁堂成立国药业基金工会，乐松生任总经理，通过不断学习，他对中国共产党的民族工商业政策有了基本认识，坚信个人在政治上、企业经营管理上必须紧紧依靠共产党和人民政府，重要决策听取职工意见。在后来的"五反运动"中，同仁堂也经受了考验，经过审查核实，被评为基本守法户。

同仁堂作为民族工商业，有其代表性，而所经营的中药又是人民生活所需，因此，一直受到党和政府的重视与关怀。彭真市长亲自支持乐松生开展中医药研究、开发新品种的工作，并成立了中药提炼厂。在党的关怀下，同仁堂在新中国成立后有了很大发展，工人生活稳定，而且生活质量有了很大提高。1953年，同仁堂盈利按国家所得税、企业公积金、职工福利奖、资方股息分红四部分分配。随着国民经济的恢复，党适时地提出了过渡时期的总路线和总任务。北京市积极响应，很快制定了利用、限制、改造资本主义工商业的具体措施，并召集在京民族工商业者召开工商业联合大会。会上，同仁堂总经理乐松生积极发言，拥护总路线，市地方工业局拟选同仁堂这个国药大户首先进行试点，为全行业合营扩展影响、奠定基础、积累经验。

这一变革，不能不引起同仁堂乐氏家族的震动。他们将失掉生产资料占有权、企业管理统治权和企业利润分配权，这是切肤之痛。乐松生先生作为当时民族资产阶级的代表，面临着对其家族已经经营了200多年的同仁堂药店的抉择。经过反复思考，他深感这是大势所趋、人心所向，历史潮流不可违背。同时他也看到，共产党和职工群众仍让自己做同仁堂的总经理，生活待遇不薄，这是对自己的信任和期望，因此必须听党的话，走社会主义道路。于是，他毅然决定让同仁堂带头实行公私合营。在这次代表大会上，乐松生当选为工商联执行委员，推动了同仁堂实行公私合营的进程。

1954年2月16日，中共北京市委统战部《关于北京市工业公私合营工作计划》中明确提出同仁堂是第一批合营的单位。同年8月9日，在大栅栏，同仁堂成立了公私合营筹备工作委员会。27日，同仁堂彩旗高挂，在庆乐戏院召开了庆祝公私合营大会，锣鼓喧天、鞭炮齐鸣，全体员工欢欣鼓舞，这家古老的私营企业在风雨飘摇258个春秋之后，迈进了社会主义大门，开辟了同仁堂历史上的新纪元。

合营后，一切涉及公私关系问题的事情，乐松生总经理都和公方代表王苏协商。针对一部分老职工怕合营后遭退休、怕降低工资等问题，工会通过多次不同层次的座谈会、政策交心会、个别谈心等方式，向职工讲同仁堂合营的措施和合营后的前景，使大家认清形势，了解各项政策，清除各种疑虑。职工们纷纷表示，要为同仁堂出力，多做贡献，使合营工作得以顺利进行。此外，合营后的同仁堂，还进行了资产清算，确定了资方资本和应得的股息。面对合营后的新情况，同仁堂党支部领导全体职工先后进行人事劳动纪律、经营思想的整顿，并相应建立了劳保条例、成本核算、生产统计、质量检查、专人配送料、出入库等制度；制定年度、季度生产计划，和用户建立供销合同，改变生产的盲目性；增加设备，改进工艺技术，提高劳动生产率，降低消耗；特别注意建立了公私方共事的制度，使资方有职有权。通过改善经营管理，同仁堂开始体现了合营优势，职工的情绪也空前高涨。

经理乐松生满意地说："别家的流水日益下降，咱们的流水逐日上升，原来担心合营工作会影响生产，没想到合营后业务发展这么快，这下可放心了。"

同仁堂率先实现公私合营，对其他国药店、行、栈影响很大，而且影响到全市的私营工商业者。中央和市委领导对同仁堂非常关怀，1955年初，彭真同志亲自到同仁堂会见乐松生经理，听取合营后的工作情况汇报，并对各方面的工作给予了肯定。乐松生还以北京市工商联主任委员的身份受到了毛泽东主席的接见。

在同仁堂的影响下，全市私营国药业，于1956年1月13日被北京市政府批准全行业公私合营。15日，在天安门广场举行的庆祝社会主义改造胜利联欢大会上，毛泽东、刘少奇、周恩来等党和国家领导人在天安门城楼接见了农业、手工业、资本主义工商业的代表。乐松生代表工商界登上天安门，手捧巨大报喜信向党中央、毛主席报喜。

公私合营使同仁堂获得了新生，解放了生产力，经过短短几年的努力，企业面貌大改观。1959年与新中国成立前夕的1948年相比，职工人数由190人增加到539人，增长了近1.8倍；产值由16万元增加到1251.9万元，增长77.2倍；秘制丸药140万丸，增加到6864.2万丸，增长了48倍；水泛丸由4000斤增加到31.38万斤，增长了77.5倍；虎骨酒由3万斤增加到30.5万斤，增长了近10倍。

今天，随着改革开放的深入，同仁堂已经走向世界，走向新的辉煌。

（资料来源：摘自《人民网》）

> 阅读感言

二、推荐阅读

1. 毛泽东：《革命的转变和党在过渡时期的总路线》，《毛泽东文集》第6卷，人民出版社1999年版。

2. 毛泽东：《关于国家资本主义经济》，《毛泽东文集》第6卷，人民出版社1999年版。

3. 谢春涛：《历史的轨迹：中国共产党为什么能》，新世界出版社2012年版。

4. 中共中央宣传部理论局：《世界社会主义五百年》，学习出版社2014年版。

三、至理名言

劳动创造世界。

——马克思

农业生产是我们经济建设工作的第一位。

——毛泽东

新生事物在开始时不过是一枝幼苗，一切新生事物之可贵，就因为在这新生的幼苗中，有无限的活力在成长，成长为巨人，成长为力量。

——周恩来

我国资本主义工商业社会主义改造的胜利完成，是我国和世界社会主义历史上最辉煌的胜利之一。

——邓小平

我们的社会主义改造是搞得成功的，很了不起。这是毛泽东对马克思列宁主义的一个重大贡献。

——邓小平

第四章

社会主义建设道路初步探索的理论成果

学习引导

【学习目标】

①明确社会主义建设道路的初步探索所取得的重要理论成果。

②了解社会主义社会的基本矛盾。

③正确认识社会主义社会的基本矛盾。

④理解调动一切积极因素为社会主义事业服务的思想。

【学习重点】

①掌握社会主义建设道路初步探索的意义和经验教训。

②掌握社会主义建设道路初步探索取得的理论成果。

【学习难点】

①领悟走中国工业化道路的思想。

②理解社会主义基本矛盾"又相适应又相矛盾"的特点。

知识点睛

一、初步探索的重要理论成果

（一）调动一切积极因素为社会主义事业服务

1956年，毛泽东在《论十大关系》报告中初步总结了我国社会主义建设的经验，明确提出要以苏联为鉴，独立自主地探索适合中国情况的社会主义建设道路。《论十大关系》标志着党探索中国社会主义建设道路的良好开端。

《论十大关系》确定了一个基本方针，就是"努力把党内党外、国内国外的一切积极的因素，直接的、间接的积极因素全部调动起来"，为社会主义建设服务。

（二）正确认识和处理社会主义社会矛盾的思想

毛泽东在1957年2月所作的《关于正确处理人民内部矛盾的问题》的报告，系统论述了社会主义社会矛盾的学说。

1. 关于社会主义社会的基本矛盾

毛泽东指出："在社会主义社会中，基本的矛盾仍然是生产关系和生产力之间的矛盾，上层建筑和经济基础之间的矛盾。"社会主义社会的基本矛盾是人民根本利益一致基础上的矛盾，是非对抗性的矛盾。

社会主义社会的基本矛盾运动具有"又相适应又相矛盾"的特点。一方面社会主义生产关系已经建立起来，它是和生产力的发展相适应的；另一方面它还很不完善，这些不完善的方面和生产力的发展又是相矛盾的。

2. 关于我国社会的主要矛盾和根本任务

社会主义制度建立起来后，我国社会的主要矛盾是人民对于建立先进的工业国的要求同落后的农业国的现实之间的矛盾，是人民对于经济文化迅速发展的需要同当前经济文化不能满足人民需要的状况之间的矛盾。

3. 关于社会主义社会存在两类不同性质矛盾的理论

（1）敌我矛盾：人民同反抗社会主义革命、敌视和破坏社会主义建设的社会势力和社会集团的矛盾，是根本利益对立基础上的矛盾，因而是对抗性的矛盾。

（2）人民内部矛盾，包括工人阶级内部的矛盾，农民阶级内部的矛盾，知识分子内部的矛盾，工农两个阶级之间的矛盾，工人、农民同知识分子之间的矛盾，工人阶级和其他劳动人民同民族资产阶级的矛盾，也包括政府和人民群众之间的矛盾，民主同集中的矛盾，领导同被领导之间的矛盾，国家机关某些工作人员的官僚主义作风同群众之间的矛盾，等等。一般说来，人民内部矛盾是在人民根本利益一致基础上的矛盾，因而是非对抗性的矛盾。用民主的方法解决人民内部矛盾是一个总方针。

正确处理两类不同性质社会矛盾的基本方法：前者是分清敌我的问题，后者是分清是非的问题，采用专政和民主两种不同的方法。

（三）走中国工业化道路的思想

（1）在《关于正确处理人民内部矛盾的问题》中，毛泽东明确提出了中国工业化道路的问题，主要是指重工业、轻工业和农业的发展关系问题，要走一条有别于苏联的中国工业化道路。

（2）鉴于中国社会生产力落后、经济基础薄弱的情况，毛泽东指出，以工业为主导，把重工业作为我国经济建设的重点，以逐步建立独立的、比较完整的基础工业体系和国防工业体系。但同时必须充分注意发展农业和轻工业。

（3）毛泽东提出了以农业为基础，以工业为主导，以农、轻、重为序发展国民经济的总方针，以及一整套"两条腿走路"的工业化发展思路，即重工业和轻工业同时并举，中央工业和地方工业同时并举，沿海工业和内地工业同时并举，大型企业和中小型企业同时并举，等等。

走中国工业化道路，必须明确战略目标和战略步骤；必须采取正确的经济建设方针；必须发展科学技术和文化教育；必须重视知识分子工作；必须调整和完善所有制结构；必须积极探索适合我国情况的经济体制和运行机制。

二、初步探索的意义和经验教训

（一）初步探索的意义

①巩固和发展了我国的社会主义制度；②为开创中国特色社会主义提供了宝贵经验、理论准备、物质基础；③丰富了科学社会主义的理论和实践。

（二）初步探索的经验教训

①必须把马克思主义与中国实际相结合，探索符合中国特点的社会主义建设道路。②必须正确认识社会主义社会的主要矛盾和根本任务，集中力量发展

生产力。③必须从实际出发进行社会主义建设，建设规模和速度要与国力相适应，不能急于求成。④必须发展社会主义民主，健全社会主义法制。⑤必须坚持党的民主集中制和集体领导制度，加强执政党建设。⑥必须坚持对外开放，借鉴和吸收人类文明成果建设社会主义，不能关起门来搞建设。

案例评析

【案例1】

聚焦新型工业化：百年强国梦一朝成真

一百年前，孙中山先生在《建国方略》里为中国描绘了这样的愿景：要修建约16万公里的铁路、160万公里的公路，开凿并整修全国水道和运河……那是他心目中"发奋为雄"的中国。

历史的车轮走过千年沉浮，又走过"万马齐喑"的近现代，终于走进了新中国。中国人民在中国共产党带领下发愤图强数十年，终于迎来"天翻地覆慨而慷"。距辛亥革命百余年后的今天，中国人民创造的诸多成就已远远超过了孙中山先生当初的设想。

2017年10月18日，中国共产党第十九次全国代表大会在北京人民大会堂开幕，习近平代表第十八届中央委员会向大会作报告。他庄严宣告：中国特色社会主义进入新时代，意味着近代以来久经磨难的中华民族迎来了从站起来、富起来到强起来的伟大飞跃，迎来了实现中华民族伟大复兴的光明前景。

国富民强离不开坚实的经济基础。2002年11月，党的十六大报告指出，坚持以信息化带动工业化，以工业化促进信息化，走出一条科技含量高、经济效益好、资源消耗低、环境污染少、人力资源优势得到充分发挥的新型工业化道路。

2012年11月，党的十八大报告提出，坚持走中国特色新型工业化、信息化、城镇化、农业现代化道路，推动信息化和工业化深度融合、工业化和城镇化良性互动、城镇化和农业现代化相互协调，促进工业化、信息化、城镇化、农业现代化同步发展。

党的十八大以来，以习近平同志为核心的党中央高度重视工业发展，扎实推进工业转型升级和制造强国建设，中国特色新型工业化发展取得重大成就，

为经济社会稳定发展和综合国力稳步提升提供了重要支撑。

习近平总书记也在多个场合多次提及"新工业"。例如，2017年9月习近平在金砖国家领导人厦门会晤中提出，要共同把握新工业革命带来的历史机遇；同年7月在G20汉堡峰会上指出，要在数字经济和新工业革命领域加强合作，共同打造新技术、新产业、新模式、新产品。在2015年12月中国接任二十国集团主席国时呼吁把握科技进步和新工业革命的历史机遇、引领世界经济迈向新一轮增长。2015年7月，习近平在同吉林省企业职工座谈时更明确指出："中国梦具体到工业战线就是加快推进新型工业化。把制造业搞上去，创新驱动发展是核心。"

党的十八大以来，C919大型客机成功首飞、全球首颗量子卫星成功发射、长江三峡升船机刷新世界纪录、多轴精密重型机床、数控冲压生产线等产品跻身世界先进行列，以及天宫二号和神舟十一号载人飞行任务圆满完成、长征五号首飞成功、首艘国产航母正式下水等系列成就让世界一再瞩目中国。

党的十九大报告强调，要更好发挥政府作用，推动新型工业化、信息化、城镇化、农业现代化同步发展，主动参与和推动经济全球化进程，发展更高层次的开放型经济。

（资料来源：摘自《人民网》）

评析：纵观世界近现代经济发展史，工业化是一个国家经济发展的必由之路。新中国刚刚建立的时候，我国工业基础非常薄弱，在很多工业领域甚至还是空白。对此，党把实现国家工业化确定为新中国整个经济建设的主要任务。经过数十年的努力，我国工业化取得巨大成就，改变了我国贫穷落后的社会面貌。

根据我国经济社会的发展，我党又进一步提出走新型工业化道路。走中国特色新型工业化道路，推进高质量工业化，是新时代决胜全面建成小康社会、全面建设社会主义现代化强国的必然要求。

【案例2】

毛泽东对社会主义建设道路的探索

1956年苏共二十大后，基于我们一直照搬和借鉴的苏联体制弊端已严重暴露，毛泽东果断提出"走自己的路"，强调独立自主地探索建设社会主义的道路。

毛泽东的探索是从调查研究中国的实际情况开始的。从1956年2月开始，他用了一个半月的时间听取了工业、农业、商业、运输业等34个部委的工作汇报，在此基础上，于1956年4月25日在中共中央政治局扩大会议上作了《论十大关系》的报告，其内容涉及十个方面的重要问题，全面真实地反映了中国的实际情况，提出了一系列适合中国情况的社会主义建设的方针和政策，初步展示了我国社会主义建设的基本框架。1957年2月，毛泽东又发表了《关于正确处理人民内部矛盾的问题》的报告，系统论述了社会主义社会的矛盾学说，划分了两类不同性质的矛盾，论述了中国的工业化道路、农业合作化问题、工商业者问题、知识分子问题、节约问题，等等。这是继《论十大关系》的发表及党的八大所制定的正确的方针政策之后，毛泽东探索社会主义的又一光辉成果。总之，直到1957年"反右派斗争"扩大化开始，相关探索都是在正确的思想指导下进行的，而且取得了巨大的成就。但从1958年开始，随着"大跃进"的发动，"左"的错误开始严重泛滥，毛泽东逐步背离了实事求是的思想路线，虽然也曾多次努力扭转和纠正，但却始终未能摆脱"左"的思想的困扰。

毛泽东探索建设中国特色社会主义无任何先例可循，完全是"摸着石头过河"，所以探索过程也是异常艰辛的。他在探索中提出的许多富有创造性的思想，尽管还存在不成熟的地方，但却为改革开放后我们党重新探索中国特色社会主义道路，形成中国特色社会主义理论体系，完善中国特色社会主义制度提供了宝贵经验、理论准备、物质基础，这一点在党的十八大报告中已经作了充分肯定和高度评价。"前事不忘，后事之师"，毛泽东的探索无论是成功的经验还是失败的教训，都应当作为我们党的宝贵财富，也必然会为新时期的社会主义探索带来许多重要启示。

（资料来源：摘自《光明日报》）

评析：虽然中国特色社会主义道路是在改革开放的历史新时期开创的，中国特色社会主义理论体系也是在改革开放的历史新时期形成的，但其基础和源头可以追溯到以毛泽东同志为核心的党的第一代中央领导集体带领党和人民探索中国自己建设社会主义道路的时期。虽然没有正式提出中国特色社会主义的命题，但毛泽东基于中国经济文化落后的基本现状，带领党和人民围绕"什么是社会主义""怎样建设中国的社会主义"等问题，对适合中国国情的社会主义建设道路进行了一系列开创性的探索。

实践课堂

实践一 角色互换：师生角色互换——由学生主讲，体验教师的感受

【实践目的】

了解中国共产党人在新中国成立初期探索建设社会主义过程中形成的理论成果和经验教训。正确认识社会主义建设道路初步探索的意义和经验教训。辩证地看待中国社会主义建设道路初步探索的曲折历程，培养分析问题、解决问题的能力。

【实践方案】

时间：课上时间。

地点：多媒体教室。

活动方式：学生上台讲课。

流程：

（1 结合本章内容布置学生讲课内容。

（2）指导学生收集资料，备课，制作教案及PPT。

（3）选出若干名学生上讲台讲课，学生和教师点评。

（4）教师总结，并让学生把教案、PPT和学生评价装订上交。

实践二 诵读经典：领略著作魅力之《关于正确处理人民内部矛盾的问题》

【实践目的】

让学生通过此活动，正确认识社会发展的不同时期矛盾产生的根源，并熟悉正确处理各种矛盾的方法、方针和政策。

【实践方案】

时间：课余完成，课堂展示。

地点：教室。

活动方式：分小组进行。

流程：

（1）分组。5人一组，设组长一名。

(2) 阅读之后，组长组织小组成员以"化解社会矛盾，构建和谐社会"为主题，搜集相关资料。

(3) 将所得资料制作成PPT，在课堂上展示并讲解。

延伸阅读

一、精选阅读

道路探索50年

中国共产党作为执政党，在领导中国人民进行社会主义建设的半个多世纪的风雨历程中，一刻也没有停止对适合中国国情社会主义建设道路的探索，即使是在发生严重失误的岁月里也是如此。成功与挫折错综交织的复杂情况，正是我们年轻的共和国刚踏上社会主义建设道路时艰难探索的写照。如今，在风雨锤炼中成熟起来的中国共产党，已带领全国人民走上中国特色社会主义的康庄大道，正在向全面建设小康社会的宏伟目标迈进。

探索中的理论与实践成果

1956年社会主义制度建立后，我们党面临的第一个重大课题，是如何摆脱苏联模式，找到一条适合中国国情的社会主义建设道路。此前，在毫无经验可循、只有苏联模式可借鉴的情况下，许多体制只能模仿苏联。但在实践中，毛泽东逐渐发现苏联模式的一些弊端，提出搞社会主义建设不能照搬苏联模式，要找出在中国这块大地上建设社会主义的具体道路。

中共八大前后，党中央和毛泽东带领全党在许多领域探索，所取得的丰富思想成果集中体现在毛泽东1956年4月的《论十大关系》讲话和同年9月党的八大精神中。其主旨是，把党的工作重点从阶级斗争转移到发展生产力上来，以苏联为鉴，探索在中国建设社会主义的道路。

在经济方面，毛泽东针对苏联、东欧一些国家片面发展重工业，忽视农业、轻工业的教训，从中国农业大国的基本国情出发，创造性地提出了中国工业化道路，即以农业为基础，以工业为主导，以农轻工重为序安排国民经济，以此为发展国民经济的总方针，实现由农业国向工业国的过渡。把发展农业放在重要位置，是中国工业化道路的重要内容和特点。提出中国一定要建立自己独立完整的工业体系和国民经济体系，实现经济独立以保障政治独立，并为此提出独立自主、自力更生的原则和自力更生为主、争取外援为辅的方针。毛泽东还创造性地提出了社会主义四个现代化的总任务及两步走的战略步骤。毛泽东还提出过对经济体制进行改革的思想。

在政治方面，毛泽东针对苏联肃反扩大化的教训，提出要在国家制度上进行改革，扩大人民代表大会的权力，并吸收西方资本主义民主的某些形式和方法。

1956年，毛泽东提出我们党发展文化科学的根本方针是"百花齐放、百家争鸣"。毛泽东在对中国社会主义道路的探索中还提出过其他一些正确思想。有些虽未贯彻实行，但对以后改革开放政策的提出具有一定的借鉴意义。遗憾的是，此后发生的"左"的错误，使他提出的许多重要思想和原则没能很好贯彻。

尽管由于时代条件的局限和实践经验的不足，毛泽东最终没能从根本上完全突破苏联模式，也没能成功地找到一条适合中国的社会主义建设道路，但他在当时的国际环境下率先提出突破苏联模式并付诸实践，是需要巨大勇气和智慧的。这种实事求是、勇于打破传统、开拓创新的探索精神，为党的十一届三中全会后冲破长期"左"的禁锢奠定了重要的思想基础。

新时期的新探索

党的十一届三中全会后，邓小平带领全党认真总结我国社会主义建设中的经验教训，运用马克思主义基本理论解决实践中不断涌现的新问题。同时，对20世纪80年代末90年代初国际社会主义实践出现的严重曲折进行深入思考。思考就集中在"什么是社会主义、怎样建设社会主义"这个根本问题上。这是邓小平理论产生的深刻历史背景。邓小平理论科学回答了在中国这样一个经济文化比较落后的国家，如何建设、巩固和发展社会主义的一系列基本问题，讲了许多马恩列斯毛没有说过的"新话"。他在什么是社会主义、怎样建设社会主义的一系列重大理论问题上实现突破，创造性地发展了马克思主义。他第一次提出了"社会主义本质论""社会主义初级阶段论""改革是解放生产力、发展生产力的第二次革命""科学技术是第一生产力""和平与发展是当代世界主题""一国两制"等理论，从而逐步找到了一条适合我国国情的社会主义现代化建设道路，为我国社会主义建设提供了正确的理论指导。这是我党思想理论上的重大成果，是马克思主义与中国具体实际相结合的又一次巨大飞跃。

十三届四中全会以来，以江泽民为主要代表的当代中国共产党人，高举邓小平理论伟大旗帜，科学判断我们党所处的历史方位，以马克思主义的巨大理论勇气进行理论创新，逐步形成了"三个代表"重要思想这一系统的科学理论。进一步回答了"什么是社会主义、怎样建设社会主义"的问题，创造性地回答了"建设一个什么样的党、怎样建设党"的问题。"三个代表"重要思想，把发展先进生产力、先进文化和实现最广大人民的根本利益同坚持党的先进性联系在一起，并上升到党的性质和宗旨的高度，上升到党的指导思想的高度，构成一个完整的体系。党的十六大把"三个代表"重要思想同马列主义、毛泽东思想、邓小平理论一道确立为党必须长期坚持的指导思想，实现了我们党指导思想上的又一次与时俱进。以胡锦涛为总书记的党中央在党的十六届三中全会上，围绕全面建设小康社会的根本任务，又提出了坚持以人为本，树立全面、协调、可持续的发展观，促进经济社会和人的全面发展。这一科学发展观的提出，是在新形势下对实践中的新经验的科学总结和概括，是马克思主义与中国具体实际相结合的新成果，是我们党对社会主义现代化建设规律认识的进一步深化，是我们党执政理论的新飞跃。

（资料来源：摘自《高校思想政治理论课案例教学共建共享中心的报道》）

🎙 阅读感言

二、推荐阅读

1. 毛泽东：《论十大关系》，《毛泽东文集》第 7 卷，人民出版社 1999 年版。

2. 毛泽东：《人的正确思想是从哪里来的？》，《毛泽东文集》第 7 卷，人民出版社 1999 年版。

3. 黄宗良：《从苏联模式到中国道路》，北京大学出版社 2014 年版。

4. （法）潘鸣啸著，欧阳因译：《失落的一代：中国的上山下乡运动（1968—1980）》，中国大百科全书出版社 2010 年版。

三、至理名言

要建设，就必须有知识，必须掌握科学。而要有知识，就必须学习，顽强地、耐心地学习。向所有的人学习，不论向敌人或朋友都要学习，特别是向敌人学习。

——斯大林

敌我之间的矛盾，人民内部相互之间的矛盾，是两个问题。这两类问题的性质不同，解决方法也不同。

——毛泽东

人的正确的思想是从哪里来的？是从天上掉下来的吗？不是。是自己头脑里固有的吗？不是。人的正确思想，只能从社会实践中来，只能从社会的生产斗争、阶级斗争和科学实验这三项实践中来。

——毛泽东

现在我们还是把毛泽东同志已经提出、但是没有做的事情做起来，把他反对错了的改正过来，把他没有做好的事情做好。今后相当长的时期，还是做这件事。当然，我们也有发展，而且还要继续发展。

——邓小平

我们党领导人民进行社会主义建设，有改革开放前和改革开放后两个历史时期，这是两个相互联系又有重大区别的时期，但本质上都是我们党领导人民进行社会主义建设的实践探索。

——习近平

第五章

邓小平理论

学习引导

【学习目标】

①掌握邓小平理论的形成条件，了解邓小平理论的形成过程。
②掌握邓小平理论的基本问题和主要内容。
③科学认识邓小平理论的历史地位。

【学习重点】

①准确把握社会主义初级阶段的含义和基本特征。
②掌握党在社会主义初级阶段的基本路线。
③明确社会主义的根本任务。
④掌握"三步走"战略的内容。
⑤掌握社会主义市场经济理论的要点。
⑥明确社会主义现代化建设的根本方针。
⑦掌握"和平统一、一国两制"构想的基本内容。

【学习难点】

①理解社会主义本质的科学内涵。
②理解解放思想、实事求是的思想路线。
③掌握改革开放理论的内容，明确实施对外开放的必要性。
④理解党的领导在中国特色社会主义建设中的重要性。

知识点睛

一、邓小平理论的形成

（一）邓小平理论的形成条件

（1）和平与发展成为时代主题是邓小平理论形成的时代背景。

（2）社会主义建设的经验教训是邓小平理论形成的历史根据。

（3）改革开放和现代化建设的实践是邓小平理论形成的现实依据。

（二）邓小平理论的形成过程

1978年12月召开的党的十一届三中全会，重新确立了解放思想、实事求是的思想路线，停止使用"以阶级斗争为纲"的错误提法，确定把全党工作的着重点转移到社会主义现代化建设上来，作出实行改革开放的重大决策，实现了党的历史上具有深远意义的伟大转折。

（1）1982年，邓小平在党的十二大上提出了"建设有中国特色的社会主义"的重大命题。

（2）1987年党的十三大第一次对中国特色社会主义理论进行了系统的概括，也标志着邓小平理论轮廓的形成。

（3）1992年邓小平南方谈话是邓小平理论的集大成之作，从理论上深刻地回答了当时困扰和束缚人们思想的一系列重大问题，推动改革开放和社会主义现代化建设进入新阶段，邓小平理论也逐步走向成熟。

（4）1992年党的十四大概括了中国特色社会主义理论的主要内容，系统阐释了这一理论的历史地位和指导意义，还高度评价了邓小平对创建中国特色社会主义理论的杰出贡献。

（5）1997年，党的十五大正式提出"邓小平理论"这一概念，并将其确立为党的指导思想写入党章。1999年宪法修正案正式将邓小平理论载入宪法。

二、邓小平理论的基本问题和主要内容

（一）邓小平理论回答的基本问题

什么是社会主义、怎样建设社会主义。

搞清楚这个基本问题，关键是要在坚持社会主义基本制度的基础上进一步认清社会主义的本质。

（1）坚持社会主义基本制度，即坚持公有制为基础、实行按劳分配原则的社会主义基本经济制度，坚持共产党领导、实行人民民主专政的社会主义基本政治制度，坚持以马克思列宁主义、毛泽东思想为指导的社会主义意识形态。这是我们的立国之本，是我国一切进步和发展的基础。

（2）社会主义的本质，是解放生产力，发展生产力，消灭剥削，消除两极分化，最终达到共同富裕。

（二）邓小平理论的主要内容

1. 解放思想、实事求是的思想路线

十一届三中全会果断作出了把党和国家工作重点转移到社会主义现代化建设上来的战略决策，提出了一系列有利于增强党的团结和调动一切积极因素的方针政策，标志着党重新确立了马克思主义的思想路线。

解放思想、实事求是的思想路线，有力地推动和保证了改革开放的进行，体现了辩证唯物主义和历史唯物主义的世界观方法论，体现了革命胆略和科学精神的统一，是邓小平理论的活的灵魂，是邓小平理论的精髓。

2. 社会主义初级阶段理论

我国处在社会主义初级阶段，是邓小平和我们党对当代中国基本国情的科学判断。

党的十三大系统地论述了社会主义初级阶段理论。社会主义初级阶段的论断包括两层含义：①我国已经进入社会主义社会，必须坚持而不能离开社会主义；②我国的社会主义社会还处在不发达的阶段，必须正视而不能超越初级阶段。党的十五大进一步阐述了社会主义初级阶段的基本特征，充分体现了社会主义初级阶段历史发展的过程性特征。

社会主义初级阶段理论基于对中国国情的准确把握，揭示了当代中国的历史方位，是建设中国特色社会主义的总依据，是对马克思主义关于社会主义发展阶段理论的重大发展和重大突破。

3. 党的基本路线

党的十三大报告提出了党在社会主义初级阶段的基本路线：领导和团结全国各族人民，以经济建设为中心，坚持四项基本原则，坚持改革开放，自力更生，艰苦创业，为把我国建设成为富强、民主、文明的社会主义现代化国家而奋斗。

党的基本路线的内涵：①建设"富强、民主、文明的社会主义现代化国家"，是基本路线规定的党在社会主义初级阶段的奋斗目标，体现了社会主义社会全面发展的要求；②"一个中心、两个基本点"，是基本路线最主要的内容，是实现社会主义现代化奋斗目标的基本途径；③"领导和团结全国各族人民"，是实现社会主义现代化奋斗目标的领导力量和依靠力量；④"自力更生，艰苦创业"，是我们党的优良传统，也是实现社会主义初级阶段奋斗目标的根本立足点。

坚持党的基本路线的要求：①坚持党的基本路线，必须紧紧围绕经济建设这一中心；②坚持党的基本路线，必须把坚持四项基本原则同坚持改革开放结合起来，正确处理改革开放和四项基本原则的关系。

党的基本路线的充实和完善：党的十七大把"和谐"写入了基本路线；党的十九大提出"为把我国建设成为富强民主文明和谐美丽的社会主义现代化强国而奋斗"，不仅将"美丽"纳入了基本路线，而且将"现代化国家"提升为"现代化强国"，扩展了党的基本路线的内涵，提升了社会主义初级阶段的奋斗目标。

4. 社会主义根本任务的理论

生产力是社会发展的最根本的决定性因素，社会主义的根本任务是发展生产力。

邓小平强调，发展是硬道理，中国解决所有问题的关键是要靠自己的发展；发展要抓住机遇；中国要发展，离不开科学，提出"科学技术是第一生产力"的论断。

5. "三步走"战略

1987年4月，邓小平第一次提出了分"三步走"基本实现现代化的战略。党的十三大把邓小平"三步走"的发展战略构想确定下来，明确提出：①从1981年到1990年实现国民生产总值比1980年翻一番，解决人民的温饱问题；②从1991年到20世纪末，使国民生产总值再翻一番，达到小康水平；③到21世纪中叶，国民生产总值再翻两番，达到中等发达国家水平，基本实现现代化，然后在这个基础上继续前进。

为了顺利实现现代化发展战略，邓小平提出了"台阶式"发展的思想，要求抓住机遇，加快发展，争取隔几年使国民经济上一个新台阶；还提出了允许和鼓励一部分地区、一部分人先富起来逐步达到共同富裕的思想。

6. 改革开放理论

新时期最鲜明的特点是改革开放。改革的实质和目标：要从根本上改变束缚我国生产力发展的经济体制，建立充满生机和活力的社会主义新经济体制，同时相应地改革政治体制和其他方面的体制，以实现中国的社会主义现代化。

判断改革和各方面工作的是非得失的标准：是否有利于发展社会主义社会的生产力，是否有利于增强社会主义国家的综合国力，是否有利于提高人民的生活水平。

开放也是改革，对外开放是建设中国特色社会主义的一项基本国策。实行对外开放要正确对待资本主义社会创造的现代文明成果；要高度珍惜并坚决维护中国人民经过长期奋斗得来的独立自主权利。

7. 社会主义市场经济理论

要点：一是计划经济和市场经济不是划分社会制度的标志，计划经济不等于社会主义，市场经济也不等于资本主义；二是计划和市场都是经济手段，对经济活动的调节各有优势和长处，社会主义实行市场经济要把两者结合起来；三是市场经济作为资源配置的一种方式本身不具有制度属性，可以和不同的社会制度结合，从而表现出不同的性质。

8. "两手抓，两手都要硬"

一手抓物质文明，一手抓精神文明，"两手抓，两手都要硬"，这是我国社会主义现代化建设的一个根本方针。

其他"两手抓"思想："一手抓建设，一手抓法制"；"一手抓改革开放，一手抓惩治腐败"。

9. "一国两制"

"和平统一、一国两制"构想的基本内容：坚持一个中国，这是"和平统一、一国两制"的核心，是发展两岸关系和实现和平统一的基础；两制并存，在祖国统一的前提下，国家的主体部分实行社会主义制度，同时在台湾、香港、澳门保持原有的社会制度和生活方式长期不变；高度自治，祖国完全统一后，台湾、香港、澳门作为特别行政区，享有不同于中国其他省、市、自治区的高度自治权，台湾、香港、澳门同胞各种合法权益将得到切实尊重和维护；尽最大努力争取和平统一，但不承诺放弃使用武力；解决台湾问题，实现祖国完全统一，寄希望于台湾人民。

10. 中国问题的关键在于党

建设中国特色社会主义，关键在于坚持、加强和改善党的领导。

加强党的建设，是我们党领导人民取得革命和建设胜利的一个法宝。

加强党的思想建设：党的各级干部，首先是领导干部，要重视马克思主义的理论学习，从而加强工作中的原则性、系统性、预见性和创造性。

　　加强党的组织建设：要坚持和健全民主集中制、加强和改进党的基层组织建设，按照"革命化、年轻化、知识化、专业化"的方针培养和选拔德才兼备的领导干部。

　　加强党的作风建设：执政党的党风是关系党生死存亡的重大问题。一定要坚持党的宗旨，继承党的优良传统，发扬党的理论和实践相结合的作风、和人民群众紧密地联系在一起的作风及自我批评的作风。

　　加强党的制度建设：健全党的各级代表大会制度，党内选举制度，党的组织生活制度，集体领导和个人分工负责相结合的制度，保证党内生活的民主化；废除实际存在的干部领导职务终身制；完善党内监督制度。

三、邓小平理论的历史地位

（1）马克思列宁主义、毛泽东思想的继承和发展。
（2）中国特色社会主义理论体系的开篇之作。
（3）改革开放和社会主义现代化建设的科学指南。

案例评析

【案例1】

习近平主席打响中国改革开放再出发"发令枪"

　　"改革开放是中国和世界共同发展进步的伟大历程。""中国开放的大门不会关闭，只会越开越大！" 2018年4月10日，中国国家主席习近平应邀出席博鳌亚洲论坛年会开幕式并发表重要主旨演讲，对中国改革开放伟大成就、重要经验和启示、世界意义和影响，以及在新的历史当口中国将如何推动对外开放再扩大、深化改革再出发作出了最权威的阐释。

四次博鳌之行发出"中国声音"

　　2010年，时任国家副主席的习近平曾出席博鳌亚洲论坛年会。就任中国国家主席以来，习近平又于2013年、2015年两次出席博鳌亚洲论坛年会。今年是他8年来的第4次博鳌之行。

　　"40年来，中国人民始终敞开胸襟、拥抱世界，积极作出了中国贡献。"习近平主席在演讲中指出，中国在对外开放中展现大国担当，从引进来到走出去，从加入世界贸易组织到共建"一带一路",为应对亚洲金融危机和国际金融危机作出重大贡献。

"改革开放再出发"意味深长

今年博鳌亚洲论坛举办之际,正逢海南经济特区三十而立。"历史,总是在一些特殊年份给人们以汲取智慧、继续前行的力量。"习近平主席在演讲中语重心长地谈到,2018年是中国改革开放40周年,也是海南建省办经济特区30周年。海南省可谓是"因改革开放而生,因改革开放而兴"。

在过去两次博鳌之行中,习近平主席都曾阐释改革开放政策,明确中国发展走向。2013年出席年会时,习近平主席发表主旨演讲称,"我们将坚持改革开放不动摇"。两年后,他在同一场合再次作出"更加坚定地深化改革开放"的宣示。

"改革开放是中国和世界共同发展进步的伟大历程。"此次重要主旨演讲中,习近平主席特别强调,中国40年改革开放给人们提供了许多弥足珍贵的启示,其中最重要的一条就是,一个国家、一个民族要振兴,就必须在历史前进的逻辑中前进、在时代发展的潮流中发展。

深化人类命运共同体理念

"大道之行,天下为公。"点亮人类命运共同体的思想火炬,推动构建新型国际关系。今天的中国日益走近世界舞台中央,思考的是"我们从哪里来、现在在哪里、将到哪里去"的问题,提供的是中国智慧、中国方案、中国力量。

2013年,习近平主席在博鳌亚洲论坛的主旨演讲中借用"地球村"一词强调,"应该牢固树立命运共同体意识"。2015年,博鳌亚洲论坛年会以"亚洲新未来:迈向命运共同体"为主题,习近平主席用一句"大河有水小河满,小河有水大河满"形象地谈到,迈向命运共同体,必须坚持合作共赢、共同发展。

"中国人民将继续与世界同行、为人类作出更大贡献,坚定不移走和平发展道路,积极发展全球伙伴关系,坚定支持多边主义,积极参与推动全球治理体系变革,构建新型国际关系,推动构建人类命运共同体。"此次演讲中,习近平主席希望,努力构建人类命运共同体,共创和平、安宁、繁荣、开放、美丽的亚洲和世界。

(资料来源:摘自《中国共产党新闻网》)

评析: 四十年前,党的十一届三中全会拉开了具有深远历史意义的改革开放的大幕。40年风雨征程,改革开放创造了令世界赞叹的"中国奇迹"。今天,中国已经成为世界第二大经济体、第一大工业国、第一大货物贸易国、第

一大外汇储备国，连续多年对世界经济增长贡献率超过30%，成为世界经济增长的主要稳定器和动力源。改革开放不仅深刻改变了中国，也深刻影响了世界！中国特色社会主义进入新时代，改革开放依然是中国发展进步的必由之路，是实现中国梦的必由之路。在大有可为的重要战略机遇期，肩负起新时代的伟大使命，推动全面深化改革再出发、对外开放再扩大，必将造福中国也造福世界。

【案例2】

我们党历史上的五条基本路线

历史上，我们党在不同的历史时期先后有过五条基本路线或总路线，由于其反映客观规律的基本程度不同，带来的结果也不同。

在民主革命时期，提出了新民主主义革命总路线。事实证明，这是一条正确的基本路线，在这条总路线的指引下，我们取得了民主革命的全国胜利、建立了中华人民共和国。

新中国成立后，在1953年提出了从新民主主义到社会主义过渡时期的总路线。在这条总路线的指引下，我国走出了一条独特的社会主义改造道路，建立了以生产资料公有制为基础的社会主义制度，促进了生产力的发展。

在1958年党的八大二次会议上，提出了"鼓足干劲，力争上游，多快好省地建设社会主义"的总路线。这种盲目追求经济发展速度、不切实际地贪多求快的结果，不但没有做到好、省，相反却造成了物质财富的极大浪费，国民经济比例严重失调。随之而来的是三年困难时期，我国社会主义建设事业遭受了严重损失和挫折。

1962年开始提出、1969年党的九大完整表述和正式通过的党的整个社会主义历史阶段的基本路线，是在无产阶级专政下继续革命的错误理论指导下形成的，其核心是"以阶级斗争为纲"。由于这路线严重脱离了我国实际，结果造成了十年动乱，给党和人民的事业造成了空前的大灾难，使生产力遭到严重破坏，整个国民经济濒于崩溃边缘。

十一届三中全会以后，我们党在深刻认识我国国情和社会主义初级阶段主要矛盾的基础上，提出了"一个中心，两个基本点"的基本路线。在这一基本路线的指引下，我国改革开放和现代化建设取得了举世瞩目的成就，人民生活总体上达到小康水平。

（资料来源：摘自《百度文库》）

评析：历史证明，党的基本路线的正确与否，与党的伟大事业息息相关。

基本路线正确，党的事业就发展；反之，基本路线有偏差，党的建设和国家的发展就会遭受挫折。我国社会主义初级阶段的基本路线就是从实际出发，在正确认识我国社会所处的历史阶段和存在的主要矛盾的基础上确立的。

实践课堂

实践一　资料搜集：认知国情

【实践目的】

让学生通过此活动，充分了解我国的基本国情，了解我国发展所取得的巨大成就及面临的严峻挑战，加深对社会主义初级阶段理论的理解。

【实践方案】

时间：课余完成，课堂展示。

地点：教室。

活动方式：分小组进行。

流程：

（1）分组。5人一组，设组长一名。各组成员讨论确定搜集哪些方面的相关资料。

（2）根据讨论结果进行分工，每人负责搜集其中一个方面的相关资料。

（3）将所得到的资料制作成PPT，在课堂上展示并讲解。

实践二　摄影展览："我看家乡新变化"大学生摄影展

【实践目的】

让学生用独特的镜头和鲜活的照片记录身边的新变化、新气象。直观地了解和感受改革开放以来国家经济社会发展和人民群众精神风貌发生的巨大变化，激发爱祖国、爱家乡、爱人民的热情，明确改革开放是决定中国命运的关键抉择。

【实践方案】

时间：暑假、寒假和新学期第一周。

地点：展览橱窗。

流程：

（1）由校团委主办，校大学生社团联合会承办，向全校大学生征集有关图片资料，进行优秀作品评选，利用橱窗、展板展出。

（2）发放活动方案通知。

（3）征集摄影作品。

（4）作品初选。

（5）作品展示。

（6）评选优秀作品。

延伸阅读

一、精选阅读

今天，中国青年这样纪念邓小平

历史长河，澎湃汹涌，无休止地拍打着时空的岩壁。中华民族历经数千年，能被深深镌入这个民族记忆的名字，并不多。

邓小平——这不仅是一个伟人的名字，更是一个时代的符号。

不像多年前那样富有戏剧性——一群朝气蓬勃的青年人在天安门前陡然拉起一条"小平您好！"的标语，石破天惊，对全世界呼喊出人们内心对"改革开放总设计师"的热爱。

在改革开放已40年的今天，对于邓小平的敬仰，绝大多数的中国青年已很少挂在嘴边。然而，诚如一位智者所言，"真理，就像空气，日用而不觉。"在中国的辽阔土地上，各行各业的青年，正用各自的奋斗，向这位先贤致意……

在广东深圳的光启理工研究院，31岁的刘若鹏正和他的团队为智能光子技术的新突破而绞尽脑汁。在他的梦想中，"未来的世界将再也没有钥匙、信用卡、停车卡和工作证，人们用手机的闪光灯就可以安全便捷的传输信息。"

在安徽阜阳市颍泉区高井村的田间，26岁的葛翔正为他和父亲一起承包的13600亩土地而挥汗如雨。在他的追求中，"土地是一幅最美的画卷，值得用青春去书写。创新科技让农业升级，让有限的土地焕发出无穷无尽的生命力。"

在四川广安星星建设集团承建的工地上，39岁的匡晓勇正戴着安全帽，领着业务骨干，检查施工现场的安全细节。在他的愿望里，"先富带后富，带领更多的乡亲们脱贫致富，哪怕承受再多艰辛与挫折、压力与痛苦都在所不惜。"

在香港中环耸入云霄的办公楼里，30岁的贺佳正飞快地敲击键盘为她所服务的亚洲客户提供最新的美股市场分析报告。在她的计划中，"中午要抽空去

Gym健身,下了班去Happyhour跟朋友小聚一下……总之,用力工作,用心生活,把每一天都过得很精彩!"

在北京清华大学图书馆里,24岁的杨诗哲,正在为他关于"大石山区扶贫工作"的暑期调研报告而奋笔疾书。有着本科复旦、硕士清华教育背景的他,要求自己"实践热忱中时刻保持学术冷静,理论研究里永远秉承现实情怀"……

小平同志的智慧,润物细无声;中国社会的改变,见微而知著;中国青年的行动,殊途却同归。

中国人回首国家改革的历程、回望自己的生活变迁时,始终会发现这位伟人就屹立在历史潮头。

青春梦,改革梦,中国梦。刘若鹏、葛翔、匡晓勇、贺佳、杨诗哲……千千万万个中国青年,仍在沿着邓小平所开创的道路笃定昂扬地走下去。

今天,中国青年这样纪念邓小平。

阅读感言

二、推荐阅读

1. 邓小平:《科学技术是第一生产力》,《邓小平文选》第3卷,人民出版社1993年版。

2. 邓小平:《在武昌、深圳、珠海、上海等地的谈话要点》,《邓小平文选》第3卷,人民出版社1993年版。

3. 邓小平:《解放思想,实事求是,团结一致向前看》,《邓小平文选》第2卷,人民出版社1994年版。

4. 中共中央宣传部:《邓小平同志建设有中国特色社会主义理论学习纲要》,学习出版社1995年版。

5. 习近平:《在纪念邓小平同志诞辰110周年座谈会上的讲话》,人民出版社2014年版。

6. 中华人民共和国年鉴社：《中国国情读本》，新华出版社 2014 年版。

7.（美）傅高义著，冯克利译：《邓小平时代》，生活·读书·新知三联书店 2012 年版。

三、至理名言

一个党和它的党员，只有认真地总结群众的经验，集中群众的智慧，才能指出正确的方向，领导群众前进。

——邓小平

搞社会主义，一定要使生产力发达，贫穷不是社会主义，我们坚持社会主义，要建设比资本主义具有优越性的社会主义，首先必须摆脱贫穷。

——邓小平

我们搞社会主义才几十年，还处在初级阶段。巩固和发展社会主义制度，还需要一个很长的历史阶段，需要我们几代人、十几代人，甚至几十代人坚持不懈地奋斗，决不能掉以轻心。

——邓小平

关起门来搞建设是不能成功的，中国的发展离不开世界。

——邓小平

计划多一点还是市场多一点，不是社会主义与资本主义的本质区别。计划经济不等于社会主义，资本主义也有计划；市场经济不等于资本主义，社会主义也有市场。计划和经济都是经济手段。

——邓小平

解放思想，开动脑筋，实事求是，团结一致向前看，首先是解放思想。

——邓小平

第六章

"三个代表"重要思想

学习引导

【学习目标】

①掌握"三个代表"重要思想的形成条件，了解"三个代表"重要思想的形成过程。

②掌握"三个代表"重要思想的核心观点和主要内容。

③科学认识"三个代表"重要思想的历史地位。

【学习重点】

①准确把握"三个代表"重要思想的核心观点。

②明确建立社会主义市场经济体制的重要性。

③理解全面建设小康社会这一奋斗目标的作用。

④掌握建设社会主义政治文明的措施，明确建设社会主义政治文明的重要性。

⑤掌握推进党的建设新的伟大工程的措施，明确建设什么样的党、怎样建设党。

【学习难点】

①理解发展为什么是党执政兴国的第一要务。

②理解全面建设小康社会这一奋斗目标的作用。

③明确建设什么样的党、怎样建设党。

知识点睛

一、"三个代表"重要思想的形成

(一)"三个代表"重要思想的形成条件

(1)"三个代表"重要思想是在对冷战结束后国际局势科学判断的基础上形成的。

(2)"三个代表"重要思想是在科学判断党的历史方位和总结历史经验的基础上提出来的。

(3)"三个代表"重要思想是在建设中国特色社会主义伟大实践的基础上形成的。

(二)"三个代表"重要思想的形成过程

(1)围绕在新的历史条件下加强党的建设这一重大理论和现实问题,江泽民作出了系统、科学的回答,提出了"三个代表"重要思想。

(2)2000年2月25日,江泽民在广东考察工作时,从全面总结党的历史经验和如何适应新形势新任务的要求出发,首次对"三个代表"进行了比较全面的阐述。6月9日,江泽民在全国党校工作会议上第一次指出,"三个代表"重要思想所要回答和解决的正是"建设什么样的党、怎样建设党"的重大问题。

(3)2001年7月1日,江泽民在庆祝中国共产党成立80周年大会上的讲话中全面阐述了"三个代表"重要思想的科学内涵和基本内容。

(4)2002年5月31日,江泽民在中共中央党校省级干部进修班毕业典礼上,揭示了"三个代表"重要思想作为一个完整理论体系的内在的逻辑联系。

(5)党的十六大将"三个代表"重要思想确立为党必须长期坚持的指导思想,并写入党章。

二、"三个代表"重要思想的核心观点和主要内容

(一)"三个代表"重要思想的核心观点

中国共产党必须始终代表中国先进生产力的发展要求,代表中国先进文化的前进方向,代表中国最广大人民的根本利益。

1. 始终代表中国先进生产力的发展要求

（1）广大工人、农民和知识分子始终是推动我国先进生产力发展和社会全面进步的根本力量。

（2）科学技术是第一生产力，是先进生产力的集中体现和主要标志。科技进步和创新是发展生产力的决定因素。

（3）促进先进生产力的发展，就要使生产关系和上层建筑的各个方面不断体现先进生产力的发展要求。

2. 始终代表中国先进文化的前进方向

（1）发展社会主义先进文化，就是建设社会主义精神文明。

（2）发展社会主义先进文化，就是发展面向现代化、面向世界、面向未来的，民族的、科学的、大众的社会主义文化。

（3）发展社会主义先进文化，必须弘扬民族精神（以爱国主义为核心的团结统一、爱好和平、勤劳勇敢、自强不息的伟大民族精神）。

（4）发展社会主义先进文化，必须加强社会主义思想道德建设，这是发展先进文化的重要内容和中心环节。

（5）发展社会主义先进文化，必须做好思想政治工作。思想政治工作是经济工作和其他一切工作的生命线，是我们党和社会主义国家的重要政治优势。

3. 始终代表中国最广大人民的根本利益

（1）我们党来自于人民，植根于人民，服务于人民。党的全部任务和责任，就是为实现人民群众的根本利益而奋斗。

（2）我们党始终坚持人民的利益高于一切。

（3）要努力使工人、农民、知识分子和其他群众共同享受到经济社会发展的成果。

（二）"三个代表"重要思想的主要内容

1. 发展是党执政兴国的第一要务

紧紧抓住发展这个执政兴国的第一要务，党才能实现历史使命和奋斗目标。只有发展，才能实现全面建设小康社会的宏伟目标，进一步提高人民的物质文化生活水平；才能增强我国的综合国力，实现中华民族的伟大复兴。

2. 建立社会主义市场经济体制

党的十四大正式把建立社会主义市场经济体制确立为我国经济体制改革的目标。十四届三中全会通过的《关于建立社会主义市场经济体制若干问题的决定》，勾画了建立社会主义市场经济体制的蓝图和基本框架。到20世纪末，我国初步建立了社会主义市场经济体制。

（1）建立社会主义市场经济体制，必须坚持和完善公有制为主体、多种所有制经济共同发展的社会主义基本经济制度。必须毫不动摇地巩固和发展公有制经济。必须毫不动摇地鼓励、支持和引导非公有制经济发展。

（2）理顺分配关系，调整和规范国家、企业和个人的分配关系。确立劳动、资本、技术和管理等生产要素按贡献参与分配的原则，完善按劳分配为主体、多种分配方式并存的分配制度。

3. 全面建设小康社会

江泽民提出21世纪头二十年是全面建设小康社会的阶段，形成了"两个一百年"的奋斗目标，深化了邓小平关于分阶段、有步骤地实现现代化的战略思想，丰富了我们党关于社会主义初级阶段的理论，符合我国国情，符合人民愿望，有利于最广泛、最充分地调动一切积极因素为实现中华民族的伟大复兴而奋斗。

4. 建设社会主义政治文明

（1）建设社会主义政治文明，最根本的就是要坚持党的领导、人民当家作主和依法治国的有机统一。这是我们推进政治文明建设必须遵循的基本方针，也是我国社会主义政治文明区别于资本主义政治文明的本质特征。

（2）建设社会主义政治文明，必须坚持依法治国，建设社会主义法治国家。

（3）建设社会主义政治文明，必须进行政治体制改革。政治体制改革是社会主义政治制度的自我完善和发展。

5. 推进党的建设新的伟大工程

一定要坚持党要管党、从严治党的方针，进一步解决提高党的领导水平和执政水平、提高拒腐防变和抵御风险能力这两大历史性课题；一定要准确把握当代中国社会前进的脉搏，改革和完善党的领导方式和执政方式、领导体制和工作制度，使党的工作充满活力；一定要把思想建设、组织建设和作风建设有机结合起来，把制度建设贯穿其中，既立足于做好经常性工作，又抓紧解决存在的突出问题。

三、"三个代表"重要思想的历史地位

（一）中国特色社会主义理论体系的接续发展

"三个代表"重要思想是对马克思列宁主义、毛泽东思想和邓小平理论的继承和发展，是中国特色社会主义理论体系的重要组成部分。始终做到"三个代

表",是我们党的立党之本、执政之基、力量之源。

(二)加强和改进党的建设,推进中国特色社会主义事业的强大理论武器

"三个代表"重要思想深化了对中国特色社会主义的认识,反映了当代世界和中国的发展变化对党和国家工作的新要求,是加强和改进党的建设、推进我国社会主义自我完善和发展的强大理论武器,是党和国家必须长期坚持的指导思想。

案例评析

【案例1】

习近平妙喻科技强国

"科技兴则民族兴,科技强则国家强。"党的十八大以来,习近平总书记曾多次发表重要讲话,阐述了他对科技与强国关系的深刻洞察,其中很多生动形象的比喻让人印象深刻。

妙语连珠言创新

我军必须高度重视战略前沿技术发展,通过自主创新掌握主动,见之于未萌、识之于未发,下好先手棋、打好主动仗。

——2016年3月13日,习近平出席解放军代表团全体会议

要紧紧牵住核心技术自主创新这个"牛鼻子",抓紧突破网络发展的前沿技术和具有国际竞争力的关键核心技术,加快推进国产自主可控替代计划,构建安全可控的信息技术体系。

——2016年10月9日,习近平在中共中央政治局第三十六次集体学习时的讲话

洞察入微谋发展

一粒种子可以改变一个世界,一项技术能够创造一个奇迹。要舍得下力气、增投入,注重创新机制、激发活力,着重解决好科研和生产"两张皮"问题,真正让农业插上科技的翅膀。

——2013年12月23日,习近平在中央农村工作会议上的讲话

我们要按照主动跟进、精心选择、有所为有所不为的方针,提高技术认知力,加强独创性设计,发展独有的"杀手锏",确保不被敌人施技术突袭。

——2014年12月3日至4日,习近平出席全军装备工作会议

具有自主知识产权的核心技术,是企业的"命门"所在。企业必须在核心技术上不断实现突破,掌握更多具有自主知识产权的关键技术,掌控产业发展

主导权。

——2018年4月24日至28日，习近平在湖北考察

简明生动绘蓝图

科技竞争就像短道速滑，我们在加速，人家也在加速，最后要看谁速度更快、谁的速度更能持续。

——2014年6月9日，习近平在中国科学院第十七次院士大会、中国工程院第十二次院士大会上的讲话

科技成果只有同国家需要、人民要求、市场需求相结合，完成从科学研究、实验开发、推广应用的三级跳，才能真正实现创新价值、实现创新驱动发展。

——2014年6月9日，习近平在中国科学院第十七次院士大会、中国工程院第十二次院士大会上的讲话

人家用的是飞机大炮，我们这里还用大刀长矛，那是不行的，攻防力量要对等。要以技术对技术，以技术管技术，做到魔高一尺、道高一丈。

——2016年4月19日，习近平在网络安全和信息化工作座谈会上的讲话

（资料来源：摘自《央视网》）

评析： "三个代表"重要思想指出，始终代表中国先进生产力的发展要求，大力促进先进生产力的发展，是我们党站在时代前列，保持先进性的根本体现和根本要求。而科学技术则是先进生产力的集中表现和主要标志，科技进步和创新是发展生产力的决定因素。当今时代，人类社会步入了一个科技创新不断涌现的重要时期，科技竞争已成为综合国力竞争的焦点。党的十八大以来，以习近平为总书记为代表的党中央提出了创新驱动发展战略，指出提高社会生产力必须把科技创新摆在国家优先发展的核心位置，坚持走中国特色自主创新道路。

【案例2】

着眼于长期执政加强执政能力建设

党的十九大报告提出"新时代党的建设总要求"，强调"以加强党的长期执政能力建设、先进性和纯洁性建设为主线"。在党章修订中，执政能力建设前面也增加了"长期"两个字。从"执政"到"长期执政"，这个变化意义重大。它说明，我们党不仅要执政执好政，而且要长期执政执好政。它表明，我们这样一个已经成立96年、已经执政68年的大党，不仅清楚从何处来、现在处于什么方位，更清楚向何处去。它充分体现了拥有8900多万党员、为13亿多人民谋幸福谋未来的执政党的自信和清醒。

我们党成为执政党，是历史的选择、人民的选择。加强党的执政能力建设，

是时代的要求、实践的要求。加强党的长期执政能力建设，是着眼于未来中国特色社会主义兴衰成败、中华民族前途命运的战略考量。一个党的执政地位不是与生俱来的，更不是一劳永逸的。从世界政党实践看，登上执政舞台不容易，执好政也不容易，长期执政更不容易。党的十九大开宗明义，我国发展仍处于重要战略机遇期，前景十分光明，挑战也十分严峻；号召全党同志一定要登高望远，居安思危；强调以加强党的长期执政能力建设、先进性和纯洁性建设为主线；要求全面增强执政本领，这些都有很强的现实针对性和长远的历史意义。

中国特色社会主义进入了新时代，开启了全面建设社会主义现代化国家的新征程。在新的历史条件下，中国社会发生了历史性变革，取得了历史性成就，社会主要矛盾已经转化。党的十九大不仅对全面建成小康社会决胜阶段进行系统部署，而且对全面建设社会主义现代化强国的新征程进行长远谋划。很显然，从历史的时间轴上看，党的十九大作出这种长时段的战略安排是着眼中国共产党长期执政而展开的。

（资料来源：摘自《学习时报》）

评析："建设什么样的党、怎样建设党"，一代又一代的共产党人围绕这个问题进行了长期的深入思考。加强党的建设，是我们党领导人民取得革命和建设胜利的一个法宝。中华人民共和国成立以来，中国共产党已经执政了近70年。展望未来，中国共产党还将继续长期执政。我们党要始终站在时代前列、立于历史潮头、引领未来方向、担当崇高使命、实现伟大梦想，必须加强长期执政能力建设。

实践课堂

实践一　资料搜集：追踪中国特色社会主义市场经济

【实践目的】

让学生通过此活动，了解我国社会主义市场经济形成的过程，熟悉社会主义初级阶段的基本经济制度，把握我国经济发展的新常态。

【实践方案】

时间：课余完成，课堂展示。

地点：教室。

活动方式：分小组进行。

流程：

（1）分组。5人一组，设组长一名。

（2）各组成员分工合作，搜集我国现行经济体制形成的过程、经济发展的重大成果等内容。

（3）将所得到的资料制作成PPT，在课堂上展示并讲解。

延伸阅读

一、精选阅读

全面小康新进军——纪念建党95周年述评

95年伟大征程，中国共产党带领全国各族人民，一次次书写波澜壮阔的奋斗史诗。

95年峥嵘岁月，为让国家富强、人民幸福，一代一代共产党人筚路蓝缕、矢志不渝。

站在新的起点，这是又一次具有里程碑意义的伟大进军——党团结、带领人民，以必胜的信心、昂扬的斗志，冲刺全面小康，实现千年梦想！

穿越千年梦想的伟大进军

6月的天气日渐炎热，但干部带领群众奔小康的干劲依然十足。

河北省平山县西柏坡镇，党委书记李新海仔细计算着全镇土地流转的情况：598户农民参与，完成流转1223亩，这些土地上已种植果树12万棵，产业化经营逐渐上路，为发展种植和观光旅游奠定了基础。

"在全面建成小康社会的伟大征程上，我们决不让7000多西柏坡人中的任何一个人掉队！"李新海信心满满。

60多年前，中国共产党从这里进京"赶考"，带领中国人民开天辟地，走上了建设新中国的发展道路；60多年后，全面小康图景在这里火热呈现，成为时代新进军的生动注脚。

"小康"一词，折射着中国共产党人对中国历史和国情的深刻思考与认识、对带领中国人民不断开创美好新生活的责任与担当。全面建成小康社会的奋斗目标，是中国共产党向人民、向历史做出的庄严承诺。

迎难而上的伟大进军

由于路不通，村里的产品出不去，村民谢明学去年种的8亩魔芋，很多烂在家里；村民玉米、土豆种出感情，受制于落后观念，猕猴桃、万寿菊等经济作物的替代遇到不小困难，村民增收难度大；全村还有103户、258人尚未脱贫……说起全村脱贫奔小康那点事，当了18年村干部的贵州省六枝特区新场乡夏纳村的高守文皱着眉头。他坦言，这个小村庄全面脱贫奔小康的任务依然艰巨。

全面建成小康社会的历史性进军中，最艰巨、最繁重的是全面脱贫，这意味着要减贫一个中等国家的人口规模，平均每月脱贫约100万人。难度之大、任务之重，前所未有。

"尽管过去20年间中国经济迅速发展，但贫困仍是中国面临的巨大问题，尤其是在农村地区。"英国路透社如此评价。

扶贫，是一场攻坚战，必须打赢。消除贫困，共同富裕，实现全面小康，这是时代赋予中国共产党人的历史重托。

环顾国内，处在转型关口的中国，发展中不平衡、不协调、不可持续问题依然突出，一系列深层次矛盾叠加逐渐凸显，处理好经济发展与环境保护的关系，破解城镇化、养老等世界性难题，小康之路必须迈过一道道坎儿。

放眼国际，全球政治经济格局在国际金融危机的后续震动中持续调整，影响世界经济的不稳定、不确定因素增多，并通过经济和金融市场影响我国的经济发展，小康之路绝不会一片坦途。

协调推进的伟大进军

以习近平同志为总书记的党中央，从坚持和发展中国特色社会主义全局出发，提出全面建成小康社会、全面深化改革、全面依法治国、全面从严治党战略布局。"'全面建成小康社会'是战略目标，三大战略举措就是要解决和化解实现全面建成小康社会中面临的难题，这四者战略性地协调互动，缺一不可。"中央党校教授辛鸣说，通过全面深化改革提供动力，依靠全面依法治国提供秩序和保障，而全面从严治党则为这一征程确立了主心骨。

面向全面建成小康社会和"两个一百年"的奋斗目标，党中央治国理政新理念、新思想、新战略不断完善。

新蓝图绘就新路径。"十三五"规划明确了全面建成小康社会的目标要求和具体路线，全国各族人民齐心协力奔小康有了共同的行动指南。

新布局塑造新格局。把生态文明建设放在突出地位，融入经济、政治、文化、社会建设的各方面和全过程，"五位一体"中国特色社会主义事业总体布局更加完善。

新理念引领新航程。创新、协调、绿色、开放、共享，五大发展理念引领"十三五"乃至更长时期中国发展方向，破解发展难题，厚植发展优势。

前瞻未来，人们深信，在中国共产党的坚强领导下，亿万中国人民一定会迸发出更加磅礴的力量，实现全面小康的美好图景，迎来中华民族伟大复兴的光明未来。

（资料来源：摘自《新华网》）

阅读感言

二、推荐阅读

1. 江泽民：《始终做到"三个代表"是我们党的立党之本、执政之基、力量之源》，《江泽民文选》第3卷，人民出版社2006年版。

2. 江泽民：《在庆祝中国共产党成立八十周年大会上的讲话》，《江泽民文选》第3卷，人民出版社2006年版。

3. 中共中央宣传部：《"三个代表"重要思想学习纲要》，学习出版社2003年版。

4. 胡锦涛：《在学习＜江泽民文选＞报告会上的讲话》，人民出版社2006年版。

三、至理名言

中国建设社会主义市场经济体制，还是要坚持从中国实际出发，在实践中不断探索，走出一条自己的路。

——江泽民

保障工人阶级和广大劳动群众的经济、政治、文化权益，是党和国家一切工作的根本点，也是发挥工人阶级和广大劳动群众积极性和创造性的根本途径。

——江泽民

人民是我们国家的主人，是决定我国前途命运的根本力量。

——江泽民

治国必先治党，治党务必从严。治党始终坚强有力，治国必会正确有效。

——江泽民

我们要牢记一条道理，这就是没有强大的科技实力，就没有社会主义现代化。

——江泽民

第七章 科学发展观

学习引导

【学习目标】

①掌握科学发展观的形成条件，了解科学发展观的形成过程。

②掌握科学发展观的科学内涵和主要内容。

③科学认识科学发展观的历史地位和指导意义。

【学习重点】

①准确把握科学发展观的科学内涵和精神实质。

②明确加快转变经济发展方式的原因。

③掌握推进社会主义文化强国建设的措施。

④掌握构建社会主义和谐社会的总要求和措施。

⑤掌握全面提高党的建设科学化水平的总要求。

【学习难点】

①准确把握科学发展观的科学内涵和精神实质。

②明确社会主义民主政治的本质和核心，掌握发展社会主义民主政治的措施。

③明确建设生态文明的实质，掌握推进生态文明建设的措施。

知识点睛

一、科学发展观的形成

（一）科学发展观的形成条件

（1）科学发展观是在深刻把握我国基本国情和新的阶段性特征的基础上形成和发展的。

（2）科学发展观是在深入总结改革开放以来特别是党的十六大以来实践经验的基础上形成和发展的。

（3）科学发展观是在深刻分析国际形势、顺应世界发展趋势、借鉴国外发展经验的基础上形成和发展的。

（二）科学发展观的形成过程

（1）科学发展观是在抗击非典疫情和探索完善社会主义市场经济体制的过程中逐步形成的。2004年3月，胡锦涛在中央人口资源环境座谈会上发表重要讲话，深刻阐明了科学发展观提出的背景、意义，明确界定了"以人为本""全面发展""协调发展""可持续发展"的深刻内涵和基本要求，并对如何树立和落实科学发展观提出了明确的要求，标志着科学发展观的形成。

（2）科学发展观在加强和改善宏观调控的实践中不断充实丰富。从十届全国人大四次会议到党的十七大召开，科学发展观进入了一个蓬勃发展的阶段。

（3）以党的十七大为标志，科学发展观进一步走向成熟。2007年，党的十七大对科学发展观的理论定位、理论依据、理论内涵作了全面阐述。十七大报告提出了"中国特色社会主义理论体系"的科学概念，把科学发展观与邓小平理论、"三个代表"重要思想一道作为中国特色社会主义理论体系的重要组成部分，并把科学发展观写入党章，成为党必须长期坚持的指导思想。

（4）党的十七大后，来自国际国内经济政治及自然界的严重困难和挑战接连不断，既考验着我们党领导科学发展的能力，也推动着科学发展观理论不断发展完善。这一进程最显著的成果，是加快转变经济发展方式的战略思想和举措。

二、科学发展观的科学内涵和主要内容

（一）科学发展观的科学内涵

科学发展观，第一要义是发展，核心立场是以人为本，基本要求是全面协

调可持续，根本方法是统筹兼顾。

1. 推动经济社会发展是科学发展观的第一要义

在当代中国，坚持发展是硬道理的本质要求就是坚持科学发展。坚持科学发展，必须加快转变经济发展方式；必须善于抓住和用好机遇。

2. 以人为本是科学发展观的核心立场

以人为本是科学发展观的核心立场，集中体现了马克思主义历史唯物论的基本原理，体现了我们党全心全意为人民服务的根本宗旨和推动经济社会发展的根本目的。

以人为本就是以最广大人民的根本利益为本。坚持以人为本，就要坚持发展为了人民，始终把最广大人民的根本利益放在第一位；就要坚持发展依靠人民，从人民群众的伟大创造中汲取智慧和力量；就要坚持发展成果由人民共享，着力提高人民物质文化生活水平；最终是为了实现人的全面发展。

3. 全面协调可持续是科学发展观的基本要求

"全面"是指发展要有全面性、整体性，不仅经济发展，而且各个方面都要发展；"协调"是指发展要有协调性、均衡性，各个方面、各个环节的发展要相互适应、相互促进；"可持续"是指发展要有持久性、连续性，不仅当前要发展，而且要保证长远发展。

坚持全面发展，就是要按照中国特色社会主义事业总体布局，正确认识和把握经济建设、政治建设、文化建设、社会建设、生态文明建设是相互联系、相互促进的有机统一体。

坚持协调发展，就是要保证中国特色社会主义各个领域协调推进。

坚持可持续发展，必须走生产发展、生活富裕、生态良好的文明发展道路，还必须建设生态文明。

4. 统筹兼顾是科学发展观的根本方法

统筹兼顾是科学发展观的根本方法，深刻体现了唯物辩证法在发展问题上的科学运用，深刻揭示了实现科学发展、促进社会和谐的基本途径，是正确处理经济社会发展中重大关系的方针原则。

坚持统筹兼顾，必须正确认识和妥善处理中国特色社会主义事业中的重大关系；必须认真考虑和对待各方面的发展需要，正确反映和兼顾各阶层、各群体的利益要求；要牢牢掌握统筹兼顾的科学思想方法，努力提高战略思维、创新思维、辩证思维能力，不断增强统筹兼顾的本领，更好地推动科学发展；还要求我们既立足当前，又着眼长远，做到兼顾各方、综合平衡。

（二）科学发展观的主要内容

1. 加快转变经济发展方式

科学发展观强调，全面深化经济体制改革是加快转变经济发展方式的关键；实施创新驱动发展战略，是转变经济发展方式的重大战略决策；推动经济结构战略性调整，是提升国民经济整体素质、赢得国际经济竞争主动权的根本途径，是加快转变经济发展方式的主攻方向；促进区域协调发展是我国现代化建设中的一个重大战略；积极稳妥推进城镇化是优化城乡经济结构、促进国民经济良性循环和社会协调发展的重要措施；推动城乡发展一体化，是解决"三农"问题的根本途径；实现工业化、信息化、城镇化、农业现代化，是我国社会主义现代化建设的战略任务，也是加快形成新的经济发展方式、促进经济持续健康发展的重要动力。

2. 发展社会主义民主政治

科学发展观强调，社会主义民主政治的本质和核心是人民当家作主。发展社会主义民主政治，必须坚定不移地走中国特色社会主义政治发展道路，坚持党的领导、人民当家作主、依法治国的有机统一。

发展社会主义民主政治，最重要的就是要坚持好、发展好适合我国国情的社会主义政治制度。

3. 推进社会主义文化强国建设

文化是民族的血脉，是人民的精神家园。科学发展观强调，要树立高度的文化自觉和文化自信，兴起社会主义文化建设新高潮，提高国家文化软实力，加快建设与我国深厚文化底蕴和丰富文化资源相匹配、与中国特色社会主义事业总体布局相适应、与建设富强民主文明和谐的社会主义现代化国家的目标相承接的社会主义文化强国。

社会主义核心价值体系是兴国之魂，决定着中国特色社会主义发展方向。马克思主义指导思想，中国特色社会主义共同理想，以爱国主义为核心的民族精神和以改革创新为核心的时代精神，社会主义荣辱观，构成社会主义核心价值体系的基本内容。

科学发展观强调，要坚持不懈用中国特色社会主义理论体系武装全党、教育人民，深入实施马克思主义理论研究和建设工程，推进马克思主义中国化、时代化、大众化。要倡导富强、民主、文明、和谐，倡导自由、平等、公正、法治，倡导爱国、敬业、诚信、友善，积极培育和践行社会主义核心价值观。

4. 构建社会主义和谐社会

构建社会主义和谐社会的总要求：民主法治、公平正义、诚信友爱、充满活力、安定有序、人与自然和谐相处。

构建社会主义和谐社会，我们既要从"大社会"着眼，把和谐社会建设落实到包括经济建设、政治建设、文化建设、社会建设、生态文明建设和党的建设等在内的党和国家全部工作之中；又要从"小社会"着手，以解决人民群众最关心、最直接、最现实的利益问题为重点，着力发展社会事业、促进社会公平正义、建设和谐文化、完善社会管理、增强社会创造活力，走共同富裕道路，推动社会建设与经济建设、政治建设、文化建设、生态文明建设协调发展。

5. 推进生态文明建设

科学发展观强调，建设生态文明，实质上就是要建设以资源环境承载力为基础、以自然规律为准则、以可持续发展为目标的资源节约型、环境友好型社会。

6. 全面提高党的建设科学化水平

新形势下全面提高党的建设科学化水平的总要求：要增强紧迫感和责任感，牢牢把握加强党的执政能力建设、先进性和纯洁性建设这条主线，坚持解放思想、改革创新，坚持党要管党、从严治党，全面加强党的思想建设、组织建设、作风建设、反腐倡廉建设、制度建设，增强自我净化、自我完善、自我革新、自我提高能力，建设学习型、服务型、创新型的马克思主义执政党，确保党始终成为中国特色社会主义事业的坚强领导核心。

科学发展观强调，执政能力建设是党执政后的一项根本建设。保持和发展党的先进性是马克思主义政党自身建设的根本任务和永恒课题。

三、科学发展观的历史地位

（一）中国特色社会主义理论体系的接续发展

科学发展观是马克思主义关于发展的世界观和方法论的集中体现，是中国特色社会主义理论体系的重要组成部分。

科学发展观最鲜明的精神实质是解放思想、实事求是、与时俱进、求真务实。

（二）发展中国特色社会主义必须长期坚持的指导思想

党的十六大以来的实践昭示我们，科学发展观不仅是指导经济建设的理论，

而且是指导各方面建设的理论；不仅是指导发展的理论，而且是指导党和国家各项工作的理论；不仅是指导实践、推动工作的有力武器，而且是帮助人们认识和把握社会发展规律的世界观方法论。实践充分证明，科学发展观是指导全面建成小康社会、发展中国特色社会主义的正确理论。

案例评析

【案例1】

科学发展观必须长期坚持

习近平总书记在学习《胡锦涛文选》报告会上强调：科学发展观同毛泽东思想、邓小平理论、"三个代表"重要思想一样，是我们党的指导思想的重要组成部分，必须长期坚持、认真贯彻。

科学发展观的第一要义是发展，体现了马克思主义关于生产力是人类社会发展基础、生产力决定生产关系、生产关系反作用于生产力的观点。发展是马克思主义的基本范畴，也是毛泽东思想、邓小平理论、"三个代表"重要思想的基本范畴。只有发展，才符合历史进步和经济社会发展的客观要求，符合人民群众的殷切期盼。只有发展，才能够不断丰富中国特色社会主义的物质基础，提高人民群众的物质文化生活水平。也只有发展，才能全面建成小康社会，实现中华民族伟大复兴的中国梦。发展是第一要义，回答了当代中国为何发展的问题。

科学发展观的核心立场是以人为本，体现了马克思主义关于人民群众历史主体地位、人民群众是历史创造者的观点。以人为本，体现了马克思主义历史唯物论的基本原理，体现了我们党全心全意为人民服务的根本宗旨和我们推动经济社会发展的根本目的。习近平总书记指出："让老百姓过上好日子是我们一切工作的出发点和落脚点"。以人为本是核心，回答了当代中国为谁发展的问题。

科学发展观的基本要求是全面协调可持续，体现了马克思主义关于全面的、联系的、发展的观点和经济基础决定上层建筑、上层建筑反作用于经济基础的观点。长期以来，我国发展中存在的不均衡、不协调、不可持续的问题，已经成为制约我国经济社会发展的重要瓶颈。科学发展观要求做到全面协调可持续，强调发展的全面性、协调性和可持续性。习近平总书记指出，如果到2020年我们在总量和速度上完成了目标，但发展不平衡、不协调、不可持续的问题更加严重，短板更加突出，就算不上真正实现了目标。全面协调可持续是基本要求，回答了当代中国何为发展的问题。

科学发展观的根本方法是统筹兼顾，体现了马克思主义关于正确处理中心与全面、重点与非重点、平衡与不平衡、内因与外因、当前与长远等关系的观点。推进当代中国的经济社会发展，必须统筹城乡发展、统筹区域发展、统筹经济社会发展、统筹人与自然和谐发展、统筹国内发展和对外开放。党的十八大以来，以习近平同志为总书记的党中央从坚持和发展中国特色社会主义全局出发，立足中国发展实际、坚持问题导向，逐步形成并积极推进全面建成小康社会、全面深化改革、全面依法治国、全面从严治党的战略布局。"四个全面"战略布局体现了统筹兼顾的要求。统筹兼顾是根本方法，回答了当代中国如何发展的问题。

党的十八届五中全会从新的国际国内形势出发，提出创新、协调、绿色、开放、共享的发展理念，这与科学发展观是一脉相承的，体现了我们党对发展规律的新认识。我们要深刻认识我国仍处于并将长期处于社会主义初级阶段这个最基本的国情，始终牢记发展是硬道理、发展必须是科学发展。

（资料来源：摘自《新华网》）

评析： 科学发展观是同马克思列宁主义、毛泽东思想、邓小平理论和"三个代表"重要思想既一脉相承又与时俱进的科学理论。将科学发展观作为必须长期坚持的指导思想是我们党坚持和发展马克思主义，不断实现马克思主义基本原理与中国实际相结合，推进马克思主义中国化的内在需要。习近平总书记要求我们：要深刻领会科学发展观的科学内涵、精神实质、根本要求，结合新的形势，破解发展难题，厚植发展优势，不断开创我国发展新境界。

【案例2】

五千年！每一块基石都镌刻着文化自信

我们是谁，我们从哪里来，我们走过怎样的路——这是浩荡世界中，一个民族对血脉根基的求索与追问，也是茫茫宇宙间，一种文明对自身发展历程的回溯与探寻。

经历十余年的孜孜以求，"中华文明探源工程"的专家们在浙江良渚遗址、山西陶寺遗址、陕西石峁遗址和河南二里头遗址等地开展大规模考古调查和发掘，以考古资料实证了中华大地5000年文明。悠久的文明传承，自此不再仅仅是史书中泛黄的记忆；每一块铸就民族血脉的基石上，都深深镌刻着文化自信。

考古实证，早在5000多年前，我们的祖先便已点亮文明绚烂的花火。恢宏的城址、精美的玉器、丰沛的粮食储备……他们在黄河、长江中下游、西辽河

等地,用勤劳与智慧创造了令人惊叹的文明硕果。从起源到古国时代,各处文明此起彼伏,最终出现了中原地区兼收并蓄的核心,中华文明由点滴之水汇成涓涓细流,最终成为滋养广袤中华大地、孕育无数华夏儿女的大江大河。

考古实证,我们的祖先从不封闭、从不孤立。他们以非凡的勇气跨越万水千山,迁徙繁衍,事实上的文明交流几乎一天也没有停止过——陆上丝绸之路、海上丝绸之路、陶瓷之路、香料之路如此,名不见经传的条条通路更是如此。

历史洪流滚滚向前,冲散了说不完的传奇、数不尽的悲欢,祖先们开放革新、兼容并蓄的民族性格在这片土地上却历久弥坚。正是这些品格与特质,让中华文明前行的步伐得以不断注入新的活力,并在5000年的漫漫岁月中沉淀为文化基因的一部分,代代相传并深深根植于每一个炎黄子孙内心深处,成为中华民族生生不息、延绵不绝的动力源泉。

随着探源工程取得丰硕成果,我们对自身文明之源的认知逐步清晰。文明源头的璀璨星光跨越时空,化为每个人内心更深层、更持久的力量,照亮中华民族未来前行之路。随着文化自信的升腾与凝聚,中华民族的文明发展还将再展新篇、更续辉煌!

(资料来源:摘自《新华社》)

评析: 文化是民族的血脉,是人民的精神家园。当今时代,文化越来越成为民族凝聚力和创造力的重要源泉、越来越成为综合国力竞争的重要因素、越来越成为经济社会发展的重要支撑,丰富精神文化生活越来越成为我国人民的热切愿望。胡锦涛指出,国家富强、民族振兴、人民生活幸福安康,需要强大的经济力量,也需要强大的文化力量。

"文化是一个国家、一个民族的灵魂。"习近平总书记的话语,在神州大地唤起着更广泛的认同、更坚定的守望。实现中华民族伟大复兴,迫切要求我国由一个文化大国转变成为一个文化强国,这是中华民族几千年文化积淀赋予我们的历史使命。

实践课堂

实践一 实地考察:探寻新农村

【实践目的】

让学生通过此活动,进一步了解我国的新农村建设,思考新农村建设对于构建和谐社会、实现全面小康的重要意义。

【实践方案】

时间：课余时间。

地点：当地的新农村示范村。

活动方式：分小组考察。

流程：

（1）分组。5人一组，设组长一名。

（2）各组成员在组长的组织下，到当地的新农村示范村进行参观考察。

（3）通过实地考察，了解新农村的"新房舍、新设施、新环境、新农民、新风尚"。

（4）对村民进行走访调查，了解村子的变化；向村主任、村支书了解新农村的建设过程、建设成就等。

（5）活动后，每人撰写一篇心得体会。

实践二 讨论：新发展理念与科学发展观的关系

【实践目的】

让学生通过此活动，更加深入地认识科学发展观，深入理解科学发展观的内涵和主要内容，进一步明确其历史地位及指导意义。

【实践方案】

时间：课上时间。

地点：教室。

活动方式：分小组讨论，发表意见。

流程：

（1）分组。5人一组，设组长一名，记录员一名。组长明确讨论主题和方向。

（2）第一次发言。抽签产生1号、2号、3号……为第一次发言的序号。发言开始，每人发言时间不超过3分钟。记录员控制发言时间并记录发言内容。

（3）第二次发言。抽签产生1号、2号、3号……为第二次发言的序号。发言开始，每人发言时间不超过1分钟。记录员控制发言时间并记录发言内容。

（4）发言完毕后，组长与组员在记录的基础上讨论，得出简要结论。

（5）各组组长在课堂上陈述自己小组的结论，并作简要解释。

（6）教师组织全班学生对讨论过程中产生的焦点问题进行进一步讨论，最后对讨论活动作点评。

延伸阅读

一、精选阅读

品读习近平学习科学发展观"三坚持"

学习实践科学发展观活动，应怎么学，怎么来开展，怎么才能见成效，习近平提出的"三个坚持"很确切，很及时，很有针对性，是一副促进经济平稳较快发展的"良药"。

要坚持在深化学习、提高思想认识上下功夫，切实达到党员干部受教育的要求。就是要认认真真的学，原原本本的学，弄懂弄通，不走题，不跑调，不片面理解，避免那种满足于一知半解、浅尝辄止的态度，克服不深入思考，敷衍了事的做法，反复学习，深刻理解，多动脑，联系实际学，学以致用、用以促学，全面准确地领会科学发展观理论的深刻内涵和精神实质。使思想受到新的教育，认识有新的提高，从而，提高工作水平，增强分析问题和解决问题的能力。

要坚持在理清思路、健全体制机制上下功夫，切实达到科学发展上水平的要求。不同的地方，经济状况不一，客观条件不一，有着不同的情况、不同的问题，因而要具体情况具体分析，一切从实际出发，力戒图形式和走过场，避免讨论问题就事论事，没有新的思路，照抄照转、照套照喊的做法。着力转变不适应不符合科学发展观的思想观念，着力提高推进改革开放、领导科学发展、促进社会和谐的能力，着力解决影响和制约科学发展的突出问题，破除制约和影响生产力发展的各种旧观念、旧思维，建立健全有利于推进科学发展的体制机制，建立常抓不懈的工作机制，完善选人用人机制。把握发展规律、创新发展理念、转变发展方式、破解发展难题，提高发展质量和效益，适应新情况，解决新问题。从当前来说，就是要联系国际国内经济形势，深入分析本地区本单位面临的新问题新挑战新任务，应对国际经济衰退带来的各种挑战和影响，不断的化解矛盾，解决问题，聚精会神搞建设、一心一意谋发展，达到科学发展上水平。

要坚持在改进作风、解决突出问题上下功夫，切实达到人民群众得实惠的要求，以抓好学习实践活动的实际成效促进经济平稳较快发展。科学发展观的核心是"以人为本"，因而要处理好群众的热点、难点，为群众办实事、办好事，尽力的改善民生。在当前国际经济形势对我国经济发展不利影响日益显现

的情况下,要特别注意解决保持本地区经济平稳较快发展的思路、措施问题,要特别注意解决应对国际金融市场动荡、世界经济衰退带来的宏观政策层面的突出问题。要下大力气解决基层群众的切身利益问题,特别是当前国际国内经济形势下群众生产、生活方面出现的新问题。解决民生问题应具体问题具体对待。突出重点,多为人民群众办看得见、摸得着、促进科学发展的实事,从人民群众最直接、最现实利益问题入手,从而达到共建共享、共享共建,促进经济平稳较快发展。

习近平强调的"三个坚持"就是要:把开展深入学习实践科学发展观活动作为党建工作的重中之重来抓。学深学透,灵活掌握,创新思路,增强新的动力,不断解决新的问题,取得新的成效。从而,让广大群众切身感受到学习实践活动带来的新变化、新气象。

(资料来源:摘自《新华网》)

阅读感言

二、推荐阅读

1. 胡锦涛:《准确把握科学发展观的深刻内涵和基本要求》,《胡锦涛文选》第2卷,人民出版社2016年版。

2. 胡锦涛:《把科学发展观贯穿于发展的整个过程和各个方面》,《胡锦涛文选》第2卷,人民出版社2016年版。

3. 习近平:《在学习＜胡锦涛文选＞报告会上的讲话》,人民出版社2016年版。

4. 中共中央宣传部:《科学发展观学习纲要》,学习出版社2013年版。

三、至理名言

只要我们不动摇、不懈怠、不折腾,坚定不移地推进改革开放,坚定不移地走中国特色社会主义道路,就一定能够胜利实现这一宏伟蓝图和奋斗目标。

——胡锦涛

坚持权为民所用、情为民所系、利为民所谋，为群众诚心诚意办实事，尽心竭力解难事，坚持不懈做好事。

——胡锦涛

历史昭示我们，在机遇和挑战并存的重要历史时期，只有世界所有国家紧密团结起来，共同把握机遇、应对挑战，才能为人类社会发展创造光明的未来，才能真正建设一个持久和平、共同繁荣的和谐世界。

——胡锦涛

有朋自远方来，不亦乐乎。你们的来访是中国共产党和中国国民党关系史上的一件大事，也是当前两岸关系当中的一件大事。

——胡锦涛

社会和谐是中国特色社会主义的本质属性，是国家富强、民族振兴、人民幸福的重要保证。

——胡锦涛

第八章

习近平新时代中国特色社会主义思想及其历史地位

◄━━━ 学习引导 ━━━►

【学习目标】

①了解党的十八大以来，我国取得的历史性成就，发生的历史性变革。

②掌握我国社会主要矛盾的变化。

③掌握新时代的内涵，明确中国特色社会主义进入新时代的意义。

④掌握习近平新时代中国特色社会主义思想的主要内容。

⑤科学认识习近平新时代中国特色社会主义思想的历史地位。

【学习重点】

①掌握新时代的内涵，明确中国特色社会主义进入新时代的意义。

②掌握习近平新时代中国特色社会主义思想的核心要义和丰富内涵。

③明确坚持和发展中国特色社会主义的基本方略。

【学习难点】

①理解我国社会主要矛盾发生的变化。

②科学认识中国特色社会主义进入新时代。

知识点睛

一、中国特色社会主义进入新时代

（一）历史性成就和历史性变革

1. 历史性成就

经济建设取得重大成就；全面深化改革取得重大突破；民主法治建设迈出重大步伐；思想文化建设取得重大进展；人民生活不断改善；生态文明建设成效显著；强军兴军开创新局面；港澳台工作取得新进展；全方位外交布局深入展开；全面从严治党成效显著。

2. 历史性变革

党的领导得到全面加强，党的领导被忽视、淡化、削弱的状况得到明显改变；坚定不移贯彻新发展理念，发展观念不正确、发展方式粗放的状况得到明显改变；坚定不移全面深化改革，各方面体制机制弊端阻碍发展活力和社会活力的状况得到明显改变；坚定不移全面推进依法治国，有法不依、执法不严、司法不公问题严重的状况得到明显改变；加强党对意识形态工作的领导，社会思想舆论环境的混乱状况得到明显改变；坚定不移推进生态文明建设，忽视生态环境保护、生态环境恶化的状况得到明显改变；坚定不移推进国防和军队现代化，人民军队中一度存在的不良政治状况得到明显改变；坚定不移推进中国特色大国外交，我国在国际力量对比中面临的不利状况得到明显改变；坚定不移推进全面从严治党，管党治党宽松软状况得到明显改善。

（二）社会主要矛盾的变化

党的十九大明确指出，我国社会主要矛盾已经转化为人民日益增长的美好生活需要和不平衡不充分的发展之间的矛盾。主要依据：

（1）经过改革开放40年的发展，我国社会生产力水平总体上显著提高，很多方面进入世界前列。

（2）人民生活水平显著提高，对美好生活的向往更加强烈，不仅对物质文化生活提出了更高要求，而且在民主、法治、公平、正义、安全、环境等方面的要求日益增长。

（3）影响满足人们美好生活需要的因素很多，但主要是发展的不平衡不充分问题。发展不平衡，主要指各区域各领域各方面发展不平衡，制约了全国发展水平提升。发展不充分，主要指一些地区、一些领域、一些方面还存在发展不足的问题，发展的任务仍然很重。

（三）新时代的内涵和意义

中国特色社会主义进入新时代，这是我国发展新的历史方位。

1. 新时代的内涵

第一，这个新时代是承前启后、继往开来，在新的历史条件下继续夺取中国特色社会主义伟大胜利的时代。

第二，这个新时代是决胜全面建成小康社会、进而全面建设社会主义现代化强国的时代。

第三，这个新时代是全国各族人民团结奋斗、不断创造美好生活、逐步实现全体人民共同富裕的时代。

第四，这个新时代是全体中华儿女勠力同心、奋力实现中华民族伟大复兴中国梦的时代。

第五，这个新时代是我国日益走近世界舞台中央、不断为人类作出更大贡献的时代。

2. 中国特色社会主义进入新时代的意义

第一，从中华民族复兴的历史进程看，中国特色社会主义进入新时代，意味着近代以来久经磨难的中华民族迎来了从站起来、富起来到强起来的伟大飞跃，迎来了实现中华民族伟大复兴的光明前景。

第二，从科学社会主义发展进程看，中国特色社会主义进入新时代，意味着科学社会主义在21世纪的中国焕发出强大生机活力，在世界上高高举起了中国特色社会主义伟大旗帜。

第三，从人类文明进程看，中国特色社会主义进入新时代，意味着中国特色社会主义道路、理论、制度、文化不断发展，拓展了发展中国家走向现代化的途径，给世界上那些既希望加快发展又希望保持自身独立性的国家和民族提供了全新选择，为解决人类问题贡献了中国智慧和中国方案。

二、习近平新时代中国特色社会主义思想的主要内容

（一）习近平新时代中国特色社会主义思想的核心要义和丰富内涵

核心要义：坚持和发展中国特色社会主义。

主要内容：党的十九大概括的"八个明确"。

第一，明确坚持和发展中国特色社会主义，总任务是实现社会主义现代化和中华民族伟大复兴，在全面建成小康社会的基础上，分两步走在本世纪中叶建成富强民主文明和谐美丽的社会主义现代化强国。

第二，明确新时代我国社会主要矛盾是人民日益增长的美好生活需要和不平衡不充分的发展之间的矛盾，必须坚持以人民为中心的发展思想，不断促进人的全面发展、全体人民共同富裕。

第三，明确中国特色社会主义事业总体布局是"五位一体"、战略布局是"四个全面"，强调坚定道路自信、理论自信、制度自信、文化自信。

第四，明确全面深化改革总目标是完善和发展中国特色社会主义制度、推进国家治理体系和治理能力现代化。

第五，明确全面推进依法治国总目标是建设中国特色社会主义法治体系、建设社会主义法治国家。

第六，明确党在新时代的强军目标是建设一支听党指挥、能打胜仗、作风优良的人民军队，把人民军队建设成为世界一流军队。

第七，明确中国特色大国外交要推动构建新型国际关系，推动构建人类命运共同体。

第八，明确中国特色社会主义最本质的特征是中国共产党领导，中国特色社会主义制度的最大优势是中国共产党领导，党是最高政治领导力量，提出新时代党的建设总要求，突出政治建设在党的建设中的重要地位。

（二）坚持和发展中国特色社会主义的基本方略

党的十九大概括为"十四个坚持"：坚持党对一切工作的领导；坚持以人民为中心；坚持全面深化改革；坚持新发展理念；坚持人民当家作主；坚持全面依法治国；坚持社会主义核心价值体系；坚持在发展中保障和改善民生；坚持人与自然和谐共生；坚持总体国家安全观；坚持党对人民军队的绝对领导；坚持"一国两制"和推进祖国统一；坚持推动构建人类命运共同体；坚持全面从严治党。

三、习近平新时代中国特色社会主义思想的历史地位

（一）马克思主义中国化最新成果

习近平新时代中国特色社会主义思想与马克思列宁主义、毛泽东思想、邓小平理论、"三个代表"重要思想、科学发展观既一脉相承又与时俱进，是马克

思主义中国化的新飞跃，是当代中国马克思主义、21世纪马克思主义。

（二）新时代的精神旗帜

党的十九大通过的党章修正案，把习近平新时代中国特色社会主义思想确立为党的指导思想，十三届全国人大一次会议把这一思想载入宪法。

（三）实现中华民族伟大复兴的行动指南

（1）习近平新时代中国特色社会主义思想，是党的意志、国家意志和人民意志的集中体现，为新时代坚持和发展中国特色社会主义提供了根本指引。

（2）习近平新时代中国特色社会主义思想为新时代治国理政提供了基本遵循。

（3）习近平新时代中国特色社会主义思想为全面从严治党、把党建设成为中国特色社会主义事业的坚强领导核心提供了强大思想武器。

案例评析

【案例1】

高擎习近平新时代中国特色社会主义思想伟大旗帜

2017年10月24日12时8分，在人民大会堂万人大礼堂璀璨穹辉下，出席十九大闭幕会的2300多名代表和特邀代表，庄严举手表决。大会一致通过关于《中国共产党章程（修正案）》的决议。习近平新时代中国特色社会主义思想正式写入中国共产党章程，写在党的旗帜上。顿时，全场响起长时间的热烈掌声。

科学真理，标注着历史的航向；中国奇迹，昭示着思想的力量。

169年前，《共产党宣言》发表，社会主义从空想变为科学，如同一道闪电划破资本主义的漫漫长夜；96年前，中国先进的知识分子用真理之光洞穿历史重重迷雾，拥抱因十月革命汹涌而来的崭新思想。

始终坚持把马克思主义与中国实际相结合，站在历史与时代前列，聚焦重大时代课题——我们党先后形成了毛泽东思想和包括邓小平理论、"三个代表"重要思想、科学发展观在内的中国特色社会主义理论体系，实现了两次重大历史性飞跃。

伟大的时代，需要伟大思想的领航。"两个一百年"奋斗目标交汇之际，中国特色社会主义进入新的时代，全新的重大时代课题又一次摆在中国共产党人面前：坚持和发展什么样的中国特色社会主义，怎样坚持和发展中国特色社会主义？

肩负历史使命，面对复杂形势，以习近平同志为核心的党中央坚持用马克思主义观察时代、解读时代、引领时代，以高远的历史站位、宽广的世界眼光，提出了一系列治国理政的新理念新思想新战略，取得了习近平新时代中国特色社会主义思想的重大理论成果。

"在参加扶贫调研时，我亲眼看到那些深度贫困地区真正脱了贫。贫困这个世界性难题，正在被我们破解。"十九大代表、来自上海的一线技工李斌从回忆开始，谈起对正确理论威力的感受，"我不是理论家，但我知道，如果没有正确的思想引领，就办不成这些大事。"

"十九大的最大亮点、五年来的最大成果，就是总结实践经验、凝聚全党智慧，提出了习近平新时代中国特色社会主义思想。"十九大代表、广东省委党校常务副校长杨汉卿认为，这是我们党带领人民开创中国特色社会主义事业的重要里程碑。

"代表团审议时，大家高度赞同把习近平新时代中国特色社会主义思想写入党章。"十九大代表、山东济宁市委书记王艺华说，这是马克思主义与中国实际相结合的又一重大成果，是中国特色社会主义理论体系的重要组成部分，是当代中国的马克思主义。

"八个明确"深刻阐明思想内涵，"十四个坚持"全面谋划基本方略……作为马克思主义中国化最新成果、党和人民实践经验和集体智慧的结晶，习近平新时代中国特色社会主义思想具有鲜明的科学性、时代性、实践性、革命性，在中华民族伟大复兴的征程上树立起思想的灯塔，标注了前进方向，提供了行动指南，具有重大现实意义和深远历史意义。

（资料来源：摘自《新华社》）

评析：指导思想是一个政党的精神旗帜，至关紧要。党的十九大把习近平新时代中国特色社会主义思想确立为我们党必须长期坚持的指导思想，这是党的十九大最重大的历史贡献，是我们党坚持高举中国特色社会主义伟大旗帜最重要的昭示，反映了全党共同意志和全社会共同意愿，对于我们决胜全面建成小康社会，夺取新时代中国特色社会主义伟大胜利，实现中华民族伟大复兴的中国梦，具有重大现实意义和深远历史意义。

中国特色社会主义新时代，有了掌舵领航的核心，有了科学思想灯塔的指引，我们的党必将引领亿万人民在民族复兴的伟大征程上一往无前、破浪前行，使中国特色社会主义在东方大地上展现出更加蓬勃的生机，使科学社会主义在21世纪焕发出更加强大的感召力。

【案例2】

矢志不渝的人民情怀

"把党的群众路线贯彻到治国理政全部活动之中，把人民对美好生活的向往作为奋斗目标，依靠人民创造历史伟业。"党的十九大报告的这一重要论述，展现了习近平新时代中国特色社会主义思想的价值取向，也是习近平总书记把人民立场作为根本立场的又一次重要表达。回溯到15年前，当"八八战略"在浙江大地上铺展开来的时候，胸怀人民梦想、致力人民幸福、坚守人民立场的特质已然生动显现，诠释着"以人民为中心"思想的发展脉络，彰显着中国共产党人的不变初心。

增进民生福祉，是发展的根本目的。"八八战略"之所以能精准把握浙江的优势与短板、短期发展目标与长期发展方向，朝着浙江转变发展方式的时代命题、全面深化改革的关键课题、实现各领域协调发展的全局问题发力，归根结底是因为这一战略紧紧围绕"人民对美好生活的向往"展开，彰显了习近平总书记矢志不渝的人民情怀。"八八战略"着眼于激发市场活力、更好整合山海资源，将强省与富民紧密联系起来；致力于推动城乡协调发展、提高对内对外开放水平，让城乡居民共享改革红利、共建美好生活；强调打造"绿色浙江"、重视文化建设，满足群众对更好生态文明和精神文明的强烈需求……坚持"八八战略"15年来，"民生红利"在浙江经济社会发展中日益凸显。

从"八八战略"引领浙江经济社会大发展，到党的十八大以来党和国家事业取得历史性成就、发生历史性变革，习近平总书记"以人民为中心"的发展思想在浙江乃至全国的实践中一脉相承、一以贯之，成为以习近平同志为核心的党中央治国理政新理念新思想新战略的核心与主旨。这些发生在中国大地上的生动实践和丰硕成果有力地说明，"以人民为中心"的发展思想不是一个抽象的、玄奥的概念，而是具体明确的目标指向；不能只停留在口头上、止步于思想环节，而是必须经过艰苦努力不断在实践中一步步实现。只有在理论与实践中、在方向与战略上真正解决了"发展为了谁、发展依靠谁、发展成果由谁共享"的根本问题，我们才能对发展的目标方向更加明确、更加坚定、更加一往无前。

（资料来源：摘自《经济日报》）

评析："人民对美好生活的向往，就是我们的奋斗目标。"习近平总书记的

话语铿锵有力、掷地有声。站在新的历史起点，我们必须始终以人民情怀作为发展目标方向的根本指引，坚持"以人民为中心"的发展思想不动摇，撸起袖子加油干，一张蓝图绘到底，为人民群众提供更好的教育、更稳定的工作、更满意的收入、更可靠的社会保障、更高水平的医疗卫生服务、更舒适的居住条件、更优美的环境，交出新时代新征程上更优异的民生答卷。

实践课堂

实践一　红歌咏唱："唱红歌，颂祖国"红色歌咏比赛

【实践目的】

了解什么是社会主义的本质。从历史的进程中思考社会主义的成长之路。掌握习近平新时代中国特色社会主义思想的主要内容，科学认识习近平新时代中国特色社会主义思想的历史地位。

【实践方案】

时间：课上时间。

地点：学院礼堂。

流程：

（1）由党办、工会和团委等机构安排学生报名（个人报名或按系部团体报名）。

（2）选择歌唱祖国的，反应祖国建设、改革的，内容健康、向上、弘扬社会主义主旋律的歌曲。独唱、合唱、表演、朗诵等形式不限。

（3）组织评选优秀奖项。

实践二　读史明智：忆往昔峥嵘岁月

【实践目的】

让学生通过此活动，了解我国社会主义建设的历史；了解党的十八大以来，我国取得的历史性成就，发生的历史性变革；正确认识我国社会主要矛盾的变化，明确我国发展新的历史方位。

【实践方案】

时间：课余完成。

地点：教室。

活动方式：分小组进行。

流程：

（1）分组。5人一组，设组长一名。组长组织小组成员通过网络、书籍等了解我国社会主义建设的历史，以及党的十八大以来，我国取得的历史性成就，发生的历史性变革。

（2）组长组织小组成员相互讨论交流，谈谈从我国社会主义建设的历史中应吸取哪些经验教训，明确我国社会主要矛盾的变化及其依据，组长负责记录交流情况及结果。

延伸阅读

一、精选阅读

习近平新时代中国特色社会主义思想何以诞生

自建党以来，无论是中国革命、中国建设还是中国改革开放时代，中国共产党始终高度重视理论创新和思想建设，勇于而且善于在中国特色社会主义道路实践的每一个复杂阶段，进行开创性的理论探索和思想创新。这也是中国共产党作为马克思主义学习型政党、实践型政党锐意进取的鲜明品格。

党的十九大开幕会后，接受《瞭望》新闻周刊采访的十余位专家一致认为，"新时代中国特色社会主义思想"出现在党的十九大报告中，绝非主观选择，而是客观必然。中共中央党校教授张希贤解读说，关键就在于，我国发展所处的历史方位已经发生了重大变化，需要新的重大理论创新和思想指导。

这首先基于过去五年来社会主义中国取得了全方位的、开创性的成就，发生了深层次的、根本性的变革。对此，十九大报告从十个方面给予了高度概括。在多位受访专家看来，这些全方位、开创性成就，夯实了新时代中国特色社会主义的雄厚基础；这些深层次、根本性变革，塑造了新时代中国特色社会主义的崭新面貌，进而推动着中国特色社会主义进入了新时代。新的历史方位、新的使命担当、新的时代要求，必然地要求新理论新思想的产生。

多位受访专家都认为，把握"新时代"的时代特征，必须深刻领会我国社会主要矛盾发展变化的新特点。中共中央党校马克思主义学院执行院长刘海涛解释说，十八大以来，国内外形势变化和我国各项事业发展向全党提出了重大时代课题，如何从理论和实践结合上系统地回答新时代坚持和发展什么样的中国特色社会主义、怎样坚持和发展中国特色社会主义，摆在以习近平同志为核心的党中央面前。

十九大报告对此作出了回答：中国特色社会主义进入新时代，我国社会主要矛盾已经转化为人民日益增长的美好生活需要和不平衡不充分的发展之间的矛盾。具体讲，"我国社会生产力水平总体上显著提高，社会生产能力在很多方面进入世界前列，更加突出的问题是发展不平衡不充分，这已经成为满足人民日益增长的美好生活需要的主要制约因素。"

与此同时强调，我国社会主要矛盾的变化，没有改变我们对我国社会主义所处历史阶段的判断，我国仍处于并将长期处于社会主义初级阶段的基本国情没有变，我国是世界最大发展中国家的国际地位没有变。

"社会主要矛盾的变化，构成了我们进入新时代的基本依据和基本动力，也是习近平新时代中国特色社会主义思想建构的逻辑起点。"颜晓峰说，以此为基础，我们党坚持以马克思列宁主义、毛泽东思想、邓小平理论、"三个代表"重要思想、科学发展观为指导，坚持解放思想、实事求是、与时俱进、求真务实，坚持辩证唯物主义和历史唯物主义，紧密结合新的时代条件和实践要求，以全新的视野深化对共产党执政规律、社会主义建设规律、人类社会发展规律的认识，进行艰辛理论探索，取得重大理论创新成果，形成了习近平新时代中国特色社会主义思想。

"至少到21世纪中叶，我们的政策制定、发展方略、改革路径的选择都将依据新的社会主要矛盾来谋划，以此为基础，在实践中构建起的这一思想理论体系极端重要，意义深远。"国家行政学院公共管理教研部教授、公共行政教研室主任竹立家说。

张希贤则认为，习近平新时代中国特色社会主义思想更具划时代意义的是，它还展示出世界科学社会主义的发展正在进入全新境界。

阅读感言

二、推荐阅读

1. 习近平：《决胜全面建成小康社会夺取新时代中国特色社会主义伟大胜利——在中国共产党第十九次代表大会上的报告》，人民出版社2017年版。
2. 《习近平新时代中国特色社会主义思想三十讲》，学习出版社2018年版。
3. 中共中央宣传部理论局：《新时代面对面——理论热点面对面·2018》，学习出版社2018年版。

三、至理名言

经过长期努力，中国特色社会主义进入了新时代。新时代要有新气象，更要有新作为。

——习近平

党的十九大作出中国特色社会主义进入新时代这个重大政治论断，党要在新的历史方位上实现新时代党的历史使命，最根本的就是要高举中国特色社会主义伟大旗帜。

——习近平

新时代属于每一个人，每一个人都是新时代的见证者、开创者、建设者。只要精诚团结、共同奋斗，就没有任何力量能够阻挡中国人民实现梦想的步伐！

——习近平

第九章

坚持和发展中国特色社会主义的总任务

——◀ 学习引导 ▶——

【学习目标】

①明确坚持和发展中国特色社会主义的总任务。

②了解中国梦的提出过程,理解中国梦的科学内涵。

③掌握实现中国梦的途径。

④把握建成社会主义现代化强国的战略安排。

【学习重点】

①理解中国梦的科学内涵。

②掌握实现中国梦的途径。

③明确实现社会主义现代化强国战略的具体安排。

【学习难点】

理解中国梦的科学内涵。

知识点睛

一、实现中华民族伟大复兴的中国梦

（一）中华民族近代以来最伟大的梦想

坚持和发展中国特色社会主义的总任务，是实现社会主义现代化和中华民族伟大复兴，在全面建成小康社会的基础上，分两步走在本世纪中叶建成富强民主文明和谐美丽的社会主义现代化强国。

中国梦是中华民族伟大复兴的形象表达。

（二）中国梦的科学内涵

中国梦的本质是国家富强、民族振兴、人民幸福。国家富强、民族振兴是人民幸福的基础和保障；人民幸福是国家富强、民族振兴的题中之义和必然要求，是国家富强、民族振兴的根本出发点和落脚点。

中国梦的内涵：中国梦是国家情怀、民族情怀、人民情怀相统一的梦；中国梦归根到底是人民的梦；中国梦是国家的梦、民族的梦，也是每一个中国人的梦；中国梦与世界各国人民的美好梦想相通。

（三）奋力实现中国梦

（1）实现中国梦必须走中国道路，这就是中国特色社会主义道路。

（2）实现中国梦必须弘扬中国精神，这就是以爱国主义为核心的民族精神和以改革创新为核心的时代精神。

（3）实现中国梦必须凝聚中国力量，这就是全国各族人民大团结的力量。

（4）实现中华民族伟大复兴是海内外中华儿女的共同梦想。

（5）实干才能梦想成真。

（6）实现中国梦任重而道远，需要锲而不舍、驰而不息的艰苦努力。

（7）实现中国梦需要和平，只有和平才能实现梦想。

二、建成社会主义现代化强国的战略安排

（一）开启全面建设社会主义现代化强国的新征程

从全面建成小康社会到基本实现现代化，再到全面建成社会主义现代化强

国,是新时代中国特色社会主义发展的战略安排。

(二)实现社会主义现代化强国"两步走"战略的具体安排

1. 从 2020 年到 2035 年,基本实现社会主义现代化的目标要求

在经济建设方面,我国经济实力、科技实力将大幅跃升,跻身创新型国家前列。

在政治建设方面,人民平等参与、平等发展权利得到充分保障,法治国家、法治政府、法治社会基本建成,各方面制度更加完善,国家治理体系和治理能力现代化基本实现。

在文化建设方面,社会文明程度达到新的高度,国家文化软实力显著增强,中华文化影响更加广泛深入。

在民生和社会建设方面,人民生活更为宽裕,中等收入群体比例明显提高,城乡区域发展差距和居民生活水平差距显著缩小,基本公共服务均等化基本实现,全体人民共同富裕迈出坚实步伐。

在生态文明建设方面,生态环境根本好转,美丽中国目标基本实现。

2. 从 2035 年到本世纪中叶,建成社会主义现代化强国的目标要求

一是我国将拥有高度的物质文明,社会生产力水平大幅提高,核心竞争力名列世界前茅,经济总量和市场规模超越其他国家,建成富强的社会主义现代化强国。二是我国将拥有高度的政治文明,形成又有集中又有民主、又有纪律又有自由、又有统一意志又有个人心情舒畅生动活泼的政治局面,依法治国和以德治国有机结合,建成民主的社会主义现代化强国。三是我国将拥有高度的精神文明,践行社会主义核心价值观成为全社会自觉行动,国民素质显著提高,中国精神、中国价值、中国力量成为中国发展的重要影响力和推动力,建成文明的社会主义现代化强国。四是我国将拥有高度的社会文明,城乡居民将普遍拥有较高的收入、富裕的生活、健全的基本公共服务,享有更加幸福安康的生活,全体人民共同富裕基本实现,公平正义普遍彰显,社会充满活力而又规范有序,建成和谐的社会主义现代化强国。五是我国将拥有高度的生态文明,天蓝、地绿、水清的优美生态环境成为普遍常态,开创人与自然和谐共生新境界,建成美丽的社会主义现代化强国。

案例评析

【案例1】

中国道路·中国梦:"守山人"心有巍峨

在时间的辽阔故事里,安放着五彩斑斓的理想追求,容纳了千姿百态的人生奋斗。那些选择为梦想搏击的姿态,写下许多温暖的"生活叙事"。

当一枚枚导弹刺破苍穹,赢得慑有效果、谈有砝码的和平环境时,多少人会想到,它们身后站着一群默默为祖国执掌"大国重器"的火箭兵。在战略导弹部队序列中,这群人的名字叫"守山人",他们工作的深山腹地被称作"地下龙宫"。他们的工作就是管理"龙宫"的风、水、电,是导弹的"物业管理师"。

李佑杰就是其中的一员,当"守山人"已二十七载,除了在自己的"化学王国"里书写传奇,还在冬去春来的四季更迭中巡山、看山、护山,查"龙宫"温度、湿度、电路等。妻子埋怨说:"我嫁给了你,你却嫁给了导弹。"随着管理信息化,坐在值班室里,鼠标一点,就能把方圆几十里的"龙宫"看个遍。但老李却说,每天自己巡一遍,有时还会发现死角,坐在值班室心里还是不踏实。与大山为伴、艰苦寂寞中坚守,为的是只要祖国需要,导弹能随时拉得出、用得上。老李营房门口有副对联"深山护宝先吃天下苦,为国奉献后享人间乐",展示着一代代"守山人"的巍峨气象。

有一年老李回乡探亲,朋友问他在部队干什么?他说,群山森林包围之中,带着10人的一个班,开垦几片菜地,养了几只鸡狗,长年守护大山。朋友羡慕地说,你是过着田园生活,住在天然氧吧呀!老李呵呵一笑,我们这里,来一天新鲜、呆一周还行,住一月保准就烦了!朋友问你咋就一呆27年?老李说,这是咱的本职工作,我生命中有"两个宝贝",一个是我日夜思念远在家乡的"小兵娃",一个是我日夜守护近在身边的"大东东"——战略导弹。

阵管官兵常说的一句话是:"我看不见太阳,却能看见大国复兴背后的钢铁脊梁。"是呀,一日坚守是激情,27年坚守便是信念;一次穿越山林是平凡,千万次穿越便是非凡。正是有了李佑杰这样一代代"守山人"甘居深山奉献无悔,才擎起了大国长剑、托起了导弹腾飞。

(资料来源:摘自《人民日报》)

评析:实现中华民族伟大复兴,就是中华民族近代以来最伟大的梦想。实现中华民族伟大复兴,是一项光荣而艰巨的事业,需要每一个人付出艰苦努

力，用实干托起中国梦。习近平强调："面向未来，全面建成小康社会要靠实干，基本实现现代化要靠实干，实现中华民族伟大复兴要靠实干。"

【案例2】

开启全面建设社会主义现代化国家新征程

以宏伟蓝图凝聚人心，用苦干实干开启未来，这是中国共产党带领人民建设国家、走向复兴的宝贵经验。

党的十九大提出在全面建成小康社会的基础上分两步走全面建设社会主义现代化国家的新目标，描绘了从现在到本世纪中叶我国现代化建设的宏伟蓝图，体现了以习近平同志为核心的党中央的战略视野、高远眼光与科学谋划，是实现"两个一百年"奋斗目标的时间表，是全面建成社会主义现代化强国的任务书，是实现中华民族伟大复兴中国梦的路线图。学习贯彻党的十九大精神，就要深刻把握这个新目标，坚忍不拔、锲而不舍，奋力谱写社会主义现代化新征程的壮丽篇章。

建设现代化国家和实现中华民族伟大复兴，是近代以来中国历史发展的一条主线。改革开放之后，我们党对社会主义现代化建设作出"三步走"的战略安排，解决人民温饱问题、人民生活总体上达到小康水平，这两个目标已分别在上世纪80年代末和上世纪末提前实现。在这个基础上，党的十八大提出，到建党一百年时全面建成小康社会，到新中国成立一百年时，基本实现现代化，把我国建成社会主义现代化国家。历经极不平凡的五年砥砺奋进，改革开放和社会主义现代化建设取得了全方位、开创性的历史性成就，党和国家事业发生了深层次、根本性的历史性变革，中国特色社会主义进入了新时代。

形势决定任务。从十九大到二十大是"两个一百年"奋斗目标的历史交汇期。站在我国发展新的历史起点上，综合分析国际国内形势和我国发展条件，党的十九大对新时代中国特色社会主义现代化建设作出战略安排，将第二个百年奋斗目标、到本世纪中叶要达到的发展水平，提前到2035年来实现，进程缩短了15年；将从2035年到本世纪中叶的奋斗目标，设定为建成富强民主文明和谐美丽的社会主义现代化强国。分两步走全面建设社会主义现代化国家的新目标，为我们描摹出社会主义现代化强国的动人图景，为我们标注出夺取新时代中国特色社会主义伟大胜利的行动纲领。

梦想昭示未来。从现在到2020年，是全面建成小康社会决胜期。剩下3年时间里，让13亿多人民共同迈入经济更加发展、民主更加健全、科教更加进步、文化更加繁荣、社会更加和谐、人民生活更加殷实的小康社会，是我们必须兑现的庄严承诺。要按照党的十六大、十七大、十八大提出的全面建成小康社会各项要求，根据十九大的最新部署，紧扣我国社会主要矛盾新变化，统筹推进经济、政治、文化、社会、生态文明各项建设，坚定实施科教兴国战略、人才强国战略、创新驱动发展战略、乡村振兴战略、区域协调发展战略、可持续发展战略、军民融合发展战略，使全面建成小康社会得到人民认可、经得起历史检验。

（资料来源：摘自《人民日报》）

评析："纷繁世事多元应，击鼓催征稳驭舟"。新目标已经确定，新征程即将开启。只要我们撸起袖子加油干，以时不我待、只争朝夕的精神，奋力走好新时代的长征路，就一定能够全面建成小康社会、全面建成社会主义现代化国家，在实现中华民族伟大复兴的历史进程中书写波澜壮阔的新史诗、创造举世瞩目的新奇迹。

实践课堂

实践一　主题演讲：我的梦，"中国梦"

【实践目的】

让学生通过此活动，加深对"中国梦"丰富内涵的理解，理解中国梦与个人梦的关系，增强实现"中国梦"的责任感和使命感。

【实践方案】

时间：课余完成，课堂展示。

地点：教室。

活动方式：分小组进行。

流程：

（1）分组。5人一组，设组长一名。各组组长组织小组成员搜集"中国梦"的相关资料，并确定演讲代表。

（2）撰写演讲稿。各组推选一名文笔好的成员，由该成员撰写一篇以"我的梦，中国梦"为主题的演讲稿，稿件篇幅不宜过长（1200字左右）。

（3）演讲。各组演讲代表在课堂上进行演讲，由教师进行点评、总结。

延伸阅读

一、精选阅读

向着伟大梦想阔步前进——写在"中国梦"提出五周年之际

沐浴着新时代的阳光，我们迎来习近平总书记提出"中国梦"五周年的日子。回首来时路，我们以梦想为笔，描绘历史性变革的宏伟长卷；开启新征程，我们以梦想为旗，向着民族复兴的光明未来奋勇前行。

"为实现中华民族伟大复兴的中国梦不懈奋斗"。5年来，逐梦征程上结出累累硕果："天宫"遨游、"蛟龙"探海、"墨子"传信，6000多万贫困人口稳定脱贫，人民生活不断改善，反腐败斗争形成压倒性态势……5年来，中国梦与世界梦相互激荡："一带一路"建设联通五洲四海，构建人类命运共同体理念写入联合国决议……新变化、新高度、新气象，"中国梦"绘出当代中国最美的图景，为世界和平发展注入强大正能量。

奋进新时代，筑梦新征程。党的十九大以习近平新时代中国特色社会主义思想为指导，全面擘画实现中国梦的战略蓝图，确定了分两个阶段建设社会主义现代化国家、实现中华民族伟大复兴的战略安排。

实现伟大梦想，必须进行伟大斗争。从"复兴号"风驰电掣，到国产大飞机直上九霄，从百姓的钱袋子越来越鼓，到摆脱贫困过上好日子，一个个梦想成真的故事背后，都流淌着实干苦干的汗水。中华民族伟大复兴，绝不是轻轻松松、敲锣打鼓就能实现的。无论是在更高起点继续深化改革，还是打赢脱贫攻坚战，抑或是补齐发展短板、防范化解风险，无不需要付出更为艰巨、更为艰苦的努力。只有用改革的办法、创新的思路、实干的作为去回答时代之问、破解发展之困，进行具有许多新的历史特点的伟大斗争，才能战胜一切困难挑战，推动事业发展，让梦想照进现实。

实现伟大梦想，必须建设伟大工程。"中国的事情要办好首先中国共产党的事情要办好。"新征程上，党面临的"四大考验"具有长期性和复杂性，面临的"四种危险"具有尖锐性和严峻性。党要团结带领人民实现伟大梦想，必须毫不动摇坚持和完善党的领导，毫不动摇把党建设得更加坚强有力。党的十九大闭幕以来，多名省部级干部被查处，彰显党中央将全面从严治党进行到底的坚定决心。坚定不移全面从严治党，把党建设成为始终走在时代前列、人民衷心拥护、勇于自我革命、经得起各种风浪考验、朝气蓬勃的马克思主义执政党，我们党就一定能够引领承载着中国人民伟大梦想的航船破浪前进，胜利驶向光辉的彼岸。

实现伟大梦想，必须推进伟大事业。面对中国发展的巨大成就，国外媒体感叹："通过带领中国走向前所未有的繁荣富强，中共证明了自己的理论和实践的优越性。"实践告诉我们，只有中国特色社会主义才能发展中国。新征程上，更加坚定道路自信、理论自信、制度自信、文化自信，坚持实干兴邦，始终坚持和发展中国特色社会主义，我们就能不断增强人民的获得感、幸福感、安全感，夺取新时代中国特色社会主义伟大胜利，为解决人类问题作出新的更大贡献。

中国共产党人的初心和使命，就是为中国人民谋幸福，为中华民族谋复兴。百年中国梦，漫漫复兴路。让我们不忘初心、牢记使命、永远奋斗，向着伟大梦想阔步前进。

（资料来源：摘自《新华网》）

阅读感言

二、推荐阅读

1. 习近平：《实现中华民族伟大复兴是中华民族近代以来最伟大的梦想》，《习近平谈治国理政》第 1 卷，外文出版社 2018 年版。

2. 习近平：《实现中国梦不仅造福于中国人民，而且造福世界人民》，《习近平谈治国理政》第 1 卷，外文出版社 2018 年版。

3. 中共中央文献研究院：《共圆中华民族伟大复兴的中国梦》，《习近平关于实现中华民族伟大复兴的中国梦论述摘编》，中央文献出版社 2016 年版。

三、至理名言

每个人都有理想和追求，都有自己的梦想。现在，大家都在讨论中国梦，我以为，实现中华民族伟大复兴，就是中华民族近代以来最伟大的梦想。

——习近平

  坚持和发展中国特色社会主义是一篇大文章，邓小平同志为她确定了基本思路和基本原则，以江泽民同志为核心的党的第三代中央领导集体、以胡锦涛同志为总书记的党中央在这篇大文章上都写下了精彩的篇章。现在，我们这一代共产党人的任务，就是继续把这篇大文章写下去。

——习近平

  新时代的青年工作要毫不动摇坚持党的领导，坚定不移走中国特色社会主义群团发展道路，紧紧围绕、始终贯穿为实现中国梦而奋斗的主题，让广大青年敢于有梦、勇于追梦、勤于圆梦。

——习近平

  党的十九大提出了新时代坚持和发展中国特色社会主义的战略任务，描绘了把我国建成社会主义现代化强国的宏伟蓝图，开启了实现中华民族伟大复兴的新征程。实现建成社会主义现代化强国的伟大目标，实现中华民族伟大复兴的中国梦，我们必须具有强大的科技实力和创新能力。

——习近平

  从全面建成小康社会到基本实现现代化，再到全面建成社会主义现代化强国，是新时代中国特色社会主义发展的战略安排。

——习近平

第十章

"五位一体"总体布局

学习引导

【学习目标】

①明确如何推进现代化经济体系建设。
②明确如何发展社会主义民主政治。
③明确如何推动社会主义文化繁荣兴盛。
④明确如何在发展中保障和改善民生。
⑤明确如何建设美丽中国。

【学习重点】

①理解新发展理念的科学内涵。
②明确党的领导、人民当家作主、依法治国三者的关系。
③理解社会主义核心价值观的内涵，明确社会主义核心价值观与社会主义核心价值体系的关系。

【学习难点】

①准确把握"一国"和"两制"的关系。
②深入理解生态文明理念。

知识点睛

一、建设现代化经济体系

（一）贯彻新发展理念

党的十八届五中全会提出了创新、协调、绿色、开放、共享的新发展理念。

新发展理念的内涵：创新是引领发展的第一动力；协调是持续健康发展的内在要求；绿色是永续发展的必要条件；开放是国家繁荣发展的必由之路；共享是中国特色社会主义的本质要求。

（二）深化供给侧结构性改革

（1）推进增长动能转换，以加快发展先进制造业为重点全面提升实体经济。
（2）深化要素市场化配置改革，实现由以价取胜向以质取胜的转变。
（3）加大人力资本培育力度，更加注重调动和保护人的积极性。
（4）持续推进"三去一降一补"，优化市场供求结构。

（三）建设现代化经济体系的主要任务

现代化经济体系，是由社会经济活动各个环节、各个层面、各个领域的相互关系和内在联系构成的一个有机整体。

建设现代化经济体系，要突出抓好以下几个方面工作：①大力发展实体经济；②加快实施创新驱动发展战略；③激发各类市场主体活力；④积极推动城乡区域协调发展；⑤着力发展开放型经济；⑥加快完善社会主义市场经济体制。

二、发展社会主义民主政治

（一）坚持中国特色社会主义政治发展道路

（1）走中国特色社会主义政治发展道路，必须坚持党的领导、人民当家作主、依法治国有机统一。
（2）走中国特色社会主义政治发展道路，必须坚持正确政治方向。

（二）健全人民当家作主制度体系

（1）人民代表大会制度是我国根本政治制度，是符合中国国情、体现中国社会主义国家性质、能够保证人民当家作主的根本政治制度和最高实现形式，也是党在国家政权中充分发扬民主、贯彻群众路线的最好实现形式。

（2）中国共产党领导的多党合作和政治协商制度是我国的一项基本政治制度，人民政协是具有中国特色的制度安排，是社会主义协商民主的重要渠道和专门协商机构。

（3）民族区域自治制度是我国的一项基本政治制度。

（4）基层群众自治制度是我国的一项基本政治制度。

（三）巩固和发展爱国统一战线

（1）坚持长期共存、互相监督、肝胆相照、荣辱与共，支持民主党派按照中国特色社会主义参政党要求更好履行职能。

（2）深化民族团结进步教育，铸牢中华民族共同体意识。

（3）全面贯彻党的宗教工作基本方针，坚持我国宗教的中国化方向，积极引导宗教与社会主义社会相适应。

（4）牢牢把握大团结大联合的主题，做好统战工作。

（四）坚持"一国两制"，推进祖国统一

（1）全面准确贯彻"一国两制"方针

①必须始终准确把握"一国"和"两制"的关系。"一国两制"是一个完整的概念。"一国"是实行"两制"的前提和基础，"两制"从属和派生于"一国"，并统一于"一国"之内。

②必须始终依照宪法和基本法办事。

③必须始终聚焦发展这个第一要务。

④必须始终维护和谐稳定的社会环境。

（2）扎实推进祖国和平统一进程

①坚持"和平统一、一国两制"方针。"和平统一、一国两制"是我们解决台湾问题的基本方针，也是实现国家统一的最佳方式。

②推动两岸关系和平发展。

③坚持一个中国原则和"九二共识"。一个中国原则是两岸关系的政治基础，体现一个中国原则的"九二共识"，明确界定了两岸关系的根本性质，是确保两岸关系和平发展的关键。

④坚决反对和遏制任何形式的"台独"。

⑤秉持和践行"两岸一家亲"理念。

⑥携手同心共圆民族复兴中国梦。

三、推动社会主义文化繁荣兴盛

（一）牢牢掌握意识形态工作领导权

掌握意识形态工作领导权，要旗帜鲜明坚持马克思主义指导地位；要加快构建中国特色哲学社会科学；要坚持正确的舆论导向；要建设好网络空间；要落实好意识形态工作责任制。

（二）培育和践行社会主义核心价值观

社会主义核心价值观的基本内容：富强、民主、文明、和谐、自由、平等、公正、法治、爱国、敬业、诚信、友善。

培育和践行社会主义核心价值观，要把社会主义核心价值观融入社会生活各个方面；要坚持全民行动、干部带头，从家庭做起、从娃娃抓起；必须立足中华优秀传统文化和革命文化；还必须发扬中国人民在长期奋斗中培育、继承、发展起来的伟大民族精神，即伟大创造精神、伟大奋斗精神、伟大团结精神和伟大梦想精神。

（三）坚定文化自信，建设社会主义文化强国

文化强国是指一个国家具有强大的文化力量。这种力量既表现为具有高度文化素养的国民，也表现为发达的文化产业，还表现为强大的文化软实力。

建设社会主义文化强国，必须培养高度的文化自信；必须大力发展文化事业和文化产业；必须提高国家文化软实力。

四、坚持在发展中保障和改善民生

（一）提高保障和改善民生水平

优先发展教育事业；提高就业质量和人民收入水平；加强社会保障体系建设；坚决打赢脱贫攻坚战；实施健康中国战略。

（二）加强和创新社会治理

创新社会治理体制；改建社会治理方式；加强预防和化解社会矛盾机制建设；加强社会心理服务体系建设；加强社区治理体系建设。

（三）坚持总体国家安全观

总体国家安全观是指坚持国家利益至上，以人民安全为宗旨，以政治安全为根本，以经济安全为基础，以军事、文化、社会安全为保障，以促进国际安全为依托，维护各领域国家安全，构建国家安全体系，走中国特色国家安全道路。

完善国家安全体系；健全公共安全体系；推进平安中国建设；加强国家安全能力建设；加强国家安全教育。

五、建设美丽中国

（一）坚持人与自然和谐共生

生态文明建设，是指人类在利用和改造自然的过程中，主动保护自然，积极改善和优化人与自然的关系，建设健康有序的生态运行机制和良好的生态环境。

生态文明的核心是坚持人与自然和谐共生。面对资源约束趋紧、环境污染严重、生态系统退化的严峻形势，必须树立尊重自然、顺应自然、保护自然的生态文明理念，保护自然生态系统，维护人与自然之间形成的生命共同体。

尊重自然，是人与自然相处时应秉持的首要态度，要求人对自然怀有敬畏之心、感恩之情、报恩之意，尊重自然界的创造和存在。

顺应自然，是人与自然相处时应遵循的基本原则，要求人顺应自然的客观规律，按自然规律办事。

保护自然，是人与自然相处时应承担的重要责任，要求人发挥主观能动性，在向自然界索取生存发展之需的同时，呵护自然，回报自然，保护自然界的生态系统。

（二）形成人与自然和谐发展新格局

把节约资源放在首位；坚持保护优先、自然恢复为主；着力推进绿色发展、循环发展、低碳发展；形成节约资源和保护环境的空间格局、产业结构、生产方式、生活方式。

（三）加快生态文明体制改革

推进绿色发展；着力解决突出环境问题；加大生态系统保护力度；改革生态环境监管体制。

案例评析

【案例1】

立"新"除"弊" 习近平纵论新型政党制度

"从中国土壤中生长出来的新型政党制度"

"中国共产党领导的多党合作和政治协商制度作为我国一项基本政治制度，是中国共产党、中国人民和各民主党派、无党派人士的伟大政治创造，是从中国土壤中生长出来的新型政党制度。"为何说它是"新型政党制度"？习近平用三个"新"字作出精准概括：

——新在它是马克思主义政党理论同中国实际相结合的产物，能够真实、广泛、持久代表和实现最广大人民根本利益、全国各族各界根本利益，有效避免了旧式政党制度代表少数人、少数利益集团的弊端；

——新在它把各个政党和无党派人士紧密团结起来、为着共同目标而奋斗，有效避免了一党缺乏监督或者多党轮流坐庄、恶性竞争的弊端；

——新在它通过制度化、程序化、规范化的安排集中各种意见和建议、推动决策科学化民主化，有效避免了旧式政党制度囿于党派利益、阶级利益、区域和集团利益决策施政导致社会撕裂的弊端。

除千年积弊，发举世之未发。从中国土壤中生长出来的新型政党制度无疑是"伟大政治创造"。它不仅符合当代中国实际，而且符合中华民族一贯倡导的天下为公、兼容并蓄、求同存异等优秀传统文化。这是地地道道的"中国特色"。

"更广泛、更有效的民主"

"中国共产党历来高度重视多党合作。中国共产党领导的多党合作和政治协商制度，既强调中国共产党的领导，也强调发扬社会主义民主。政治协商、民主监督、参政议政，就是这种民主最基本的体现。"这一论述，是对新型政党制度下"民主"的精辟注释。

习近平进一步指出："坚持中国共产党的领导，不是不要民主了，而是要形成更广泛、更有效的民主。我们应该不忘多党合作建立之初心，坚定不移走中国特色社会主义政治发展道路，把我国社会主义政党制度坚持好、发展好、完善好。"

"新时代多党合作舞台极为广阔"

"新时代多党合作舞台极为广阔,要用好政党协商这个民主形式和制度渠道,有事多商量、有事好商量、有事会商量,通过协商凝聚共识、凝聚智慧、凝聚力量。"

多商量、好商量、会商量,才能凝聚共识、凝聚智慧、凝聚力量,才能找到全社会意愿和要求的最大公约数。

(资料来源:摘自《人民日报》)

评析: 世事如棋局,善弈者谋势。在经济全球化的大棋局中,顺应开放大势,把握合作大局,既是我国实现更大发展的必然选择,也是迈向民族复兴的必由之路。中共十八大报告指出,"综观国际国内大势,中国发展仍处于可以大有作为的重要战略机遇期",还要求"要准确判断重要战略机遇期内涵和条件的变化"。新一轮的经济全球化带给我国的既有机遇,也有挑战,在建设中国特色社会主义事业的过程中,我们要认清形势,抓住机遇,迎接挑战,为早日实现中华民族伟大复兴的"中国梦"而努力奋斗。

【案例2】

美丽中国,人人是建设者

辽宁省图书馆举办的科普沙龙座无虚席,环保专家传授节约妙招;河北青县的中小学课堂上,孩子们利用废弃物做手工,培养环保意识;四川成都迎来公益骑行,向市民传递低碳出行的理念……第四十七个世界环境日来临之际,人们在参与形式多样的活动中,体会环保的益处、感受环保的意义。

围绕环境日举办的各种活动,折射出中国人的环保意识不断提升。近日,生态环境部发布的《公民环保行为调查报告》显示,66.88%的受访者在近半年内讨论过"绿水青山就是金山银山"等生态文明理念;71.97%的受访者在购买家电时,经常会选择节能家电;69.04%的受访者会采用绿色出行方式。数据证明,节能环保、绿色低碳已经融入人们日常生活、工作、学习的方方面面,崇尚和参与生态文明建设的社会氛围逐步形成。"山水林田湖草是生命共同体"的判断,背后是对人与自然关系认识的深化;"绿水青山就是金山银山"的理念,凝聚了发展方法论的探索;"像保护眼睛一样保护生态环境"的要求,体现了坚定的治理决心。

环保意识稳步提升,生态质量持续好转,是不是意味着可以"歇歇脚""喘口气"?答案无疑是否定的。在2018年全国生态环境保护大会上,习近平总书记指出,生态文明建设正处于压力叠加、负重前行的关键时期。就现实情况来看,区域城乡生态环境保护还不均衡,各地推行垃圾分类的效果不尽如人意,新业态带来的污染也不容忽视。正因如此，进一步让绿色发展的决心、公众的环保意识转化为人人、事事、时时的有效行动和生活习惯，补上生态发展的短板，还需要持之以恒的努力。

环保动力来自公众参与，成效在于公众参与，推动环境治理从政府主导到全民参与，是建设美丽中国的关键环节。唤醒植根于公众心底的环保意识，宣传教育必不可少，但仅靠宣传教育还远远不够。近年来，把环保纳入政府绩效考核，对造成生态环境和资源严重破坏的，实行终身追责；借助互联网信息技术，对企业实行全流程监管，类似创新举措在激发政府、公众、企业参与主动性上颇具成效，需要进一步加强，做到久久为功。

（资料来源：摘自《人民日报》）

评析：建设生态文明是中华民族永续发展的千年大计，关系人民福祉，关乎民族未来，功在当代、利在千秋。良好的生态环境，代表着每一个人对美好生活的向往。激励人人都做环境保护的行动者，做绿色发展方式和生活方式的践行者，"还老百姓蓝天白云、繁星闪烁""还给老百姓清水绿岸、鱼翔浅底的景象""为老百姓留住鸟语花香田园风光"的承诺才能如期实现兑现。

实践课堂

实践一　资料搜集：聚焦港澳台

【实践目的】

让学生通过此活动，了解香港、澳门、台湾的基本情况，了解"一国两制"构想在香港、澳门的成功实践，了解十八大以来，我党对台工作的新进展，明确新形势下对台工作方针，明确实现祖国完全统一的重大意义。

【实践方案】

时间：课余完成，课堂展示。
地点：教室。
活动方式：分小组进行。
流程：

(1) 分组。5人一组，设组长一名。
(2) 各组成员分工合作，分头搜集香港、澳门、台湾的相关图片。
(3) 各组成员按照区划、地理、自然资源、政治、经济、社会、交通、文化对图片进行整理。

(4) 对整理好的图片进行艺术处理，并配上相应文字说明，制作成PPT。

(5) 将做好的PPT在课堂上进行展示，教师对各组的PPT进行点评。

实践二　公益活动：践行社会主义核心价值观

【实践目的】

让学生通过此活动，把握社会主义核心价值体系和核心价值观的内容，明确构建和谐社会的总体思路，培养社会责任感。

【实践方案】

时间：课余时间。

地点：附近的城乡社区。

活动方式：分小组进行。

流程：

(1) 分组。5人一组，设组长一名。

(2) 教师组织各组成员开展以"践行社会主义核心价值观"为主题的公益活动。活动内容可包括应急救援、捐赠助学、宣传教育等形式。

(3) 各组组长组织小组成员分头实施应急救援、捐赠助学、宣传教育等公益活动。

(4) 活动结束后，各组成员整理出各项活动的相关资料，并撰写一篇公益活动报告。

(5) 教师对学生的公益活动报告进行点评。

实践三　调查活动：美丽中国梦，环保我先行

【实践目的】

让学生通过此活动，明确如何建设美丽中国，认识到生态文明建设的重要性，树立环保意识。

【实践方案】

时间：课余时间。

地点：附近的城乡社区。

活动方式：分小组进行。

流程：

(1) 分组。5人一组，设组长一名。

（2）各组组长组织成员编写调查问卷，确定走访社区，开展以"美丽中国梦，环保我先行"为主题的调查活动。

（3）活动结束后，各组成员整理出相关资料，并撰写一篇调查活动报告。

（4）教师对学生的调查活动报告进行点评。

延伸阅读

一、精选阅读

"52个镇长"众筹出的脱贫希望

以丹寨"轮值镇长"创意扶贫项目为主题的《丹寨52个镇长》，在2018年夏纳国际创意节上斩获铜狮大奖。来自中国的创意扶贫，让世界感受到强烈震撼。

说到这52个镇长，先要从丹寨的旅游扶贫谈起。国家级贫困县丹寨位于黔东南，交通不便但山清水秀。2014年，一家企业与丹寨签订了整县帮扶协议，起初的想法是提升当地养殖业与种植业，以发展特色水稻、茶叶、黑毛猪养殖来脱贫。但经过仔细的调查测算发现，光靠养殖与种植，规模与产值很难做上去，不仅无法实现如期整体脱贫，还很可能会破坏当地生态环境。

要脱贫致富，发展如何腾笼换鸟？旅游扶贫成了首选。但就像很多地方一样，建旅游小镇容易，难处在如何短时间形成口碑、引来客流。他们想出一招：面向全球海选轮值镇长，条件是每人在上岗的一周中要为丹寨做成一件事。招聘本身成了事件营销，招聘的结果也很令人惊喜。成功当选的有交通电台的主播，有美食网红，有国际男模，也有知名的"中国通"。他们动用自身人脉，竭尽全力为"治下"小镇宣传。评茶师将"丹红""丹绿"茶带出丹寨，名模镇长将世界小姐带入丹寨。一年52周，每位镇长都打出了特色牌，让"游丹寨就是扶贫"的理念广为人知。

有人或许说，这么"洋"的方式我们学不来。其实，轮值镇长只是当地精准扶贫的其中一策，无需照搬照抄，但见微知著，众筹资源帮扶的理念倒很值得学习。尤其是对于贫中之贫、困中之困而言，常规方式走不通，往往需要机制创新、思路创新、方法创新，拿出创造性的解决方案。脱贫要靠内生动力，也要靠众脑集智、众人拾柴。吸引更多社会力量加入进来，这正是脱贫事业获得长足进展的保障。

（资料来源：摘自《人民日报》）

> 阅读感言

二、推荐阅读

1.《习近平关于社会主义经济建设论述摘编》，中央文献出版社 2017 年版。
2.《习近平关于社会主义政治建设论述摘编》，中央文献出版社 2017 年版。
3.《习近平关于社会主义文化建设论述摘编》，中央文献出版社 2017 年版。
4.《习近平关于社会主义社会建设论述摘编》，中央文献出版社 2017 年版。
5.《习近平关于社会主义生态文明建设论述摘编》，中央文献出版社 2017 年版。

三、至理名言

推动高质量发展，关键是要按照新发展理念的要求，以供给侧结构性改革为主线，推动经济发展质量变革、效率变革、动力变革。要坚持腾笼换鸟、凤凰涅槃的思路，推动产业优化升级，推动创新驱动发展，推动基础设施提升，推动海洋强省建设，推动深化改革开放，推动高质量发展取得有效进展。

——习近平

生态环境是关系党的使命宗旨的重大政治问题，也是关系民生的重大社会问题。广大人民群众热切期盼加快提高生态环境质量。我们要积极回应人民群众所想、所盼、所急，大力推进生态文明建设，提供更多优质生态产品，不断满足人民群众日益增长的优美生态环境需要。

——习近平

"一国两制"是中国的一个伟大创举，是中国为国际社会解决类似问题提供的一个新思路新方案，是中华民族为世界和平与发展作出的新贡献，凝结了海纳百川、有容乃大的中国智慧。

——习近平

对于任何分裂国家的行径，我们绝不会容忍。历史已经并将继续证明，"台

独"之路走不通。

——习近平

扶贫要实事求是，因地制宜。要精准扶贫，切忌喊口号，也不要定好高骛远的目标。三件事要做实：一是发展生产要实事求是，二是要有基本公共保障，三是下一代要接受教育。

——习近平

环境就是民生，青山就是美丽，蓝天也是幸福。要着力推动生态环境保护，像保护眼睛一样保护生态环境，像对待生命一样对待生态环境。

——习近平

第十一章

"四个全面"战略布局

学习引导

【学习目标】

①了解全面建成小康社会。

②了解全面深化改革。

③了解全面依法治国。

④了解全面从严治党。

【学习重点】

①掌握决胜全面建成小康社会的战略安排。

②明确全面建成小康社会提出的新要求。

③明确全面深化改革的总目标和主要内容。

④明确中国特色社会主义法治道路。

⑤了解新时代党的建设总要求。

【学习难点】

①了解如何正确处理全面深化改革中的重大关系。

②理解深化依法治国实践的重点任务。

知识点睛

一、全面建成小康社会

（一）全面建成小康社会的内涵

全面建成小康社会标志着我们跨过了实现现代化建设第三步战略目标必经的承上启下的重要发展阶段。全面小康有更高的标准、更丰富的内涵、更全面的要求，即经济更加发展、民主更加健全、科教更加进步、文化更加繁荣、社会更加和谐、人民生活更加殷实。

全面建成小康社会，更重要、更难做到的是"全面"。全面小康，覆盖的领域要全面，是"五位一体"全面进步的小康。全面建成小康社会，要实事求是、因地制宜。

（二）全面建成小康社会的目标要求

全面建成小康社会的目标要求：①经济保持中高速增长；②创新驱动成效显著；③发展协调性明显增强；④人民生活水平和质量普遍提高；⑤国民素质和社会文明程度显著提高；⑥生态环境质量总体改善；⑦各方面制度更加成熟更加定型。

（三）决胜全面建成小康社会

党的十九大进一步明确了决胜全面建成小康社会的战略安排：①坚决打好防范化解重大风险攻坚战；②坚决打好精准脱贫攻坚战；③坚决打好污染防治攻坚战；④确保经济社会持续健康发展。

二、全面深化改革

（一）坚定不移地全面深化改革

全面深化改革，是顺应当今世界发展大势的必然选择；全面深化改革，是解决中国现实问题的根本途径；全面深化改革，关系党和人民事业前途命运，关系党的执政基础和执政地位；全面深化改革必须坚持党对改革的集中统一领导；全面深化改革必须坚持改革沿着中国特色社会主义方向前进；全面深化改革必须坚持改革往有利于维护社会公平正义、增进人民福祉方向前进；全面深化改革必须坚持社会主义市场经济改革方向。

（二）全面深化改革的总目标和主要内容

全面深化改革的总目标是完善和发展中国特色社会主义制度，推进国家治理体系和治理能力现代化。推进国家治理体系和治理能力现代化，就是要使各方面制度更加科学、更加完善，为党和国家事业发展、为人民幸福安康、为社会和谐稳定、为国家长治久安提供一整套更完备、更稳定、更管用的制度体系，实现党、国家、社会各项事务治理制度化、规范化、程序化，善于运用制度和法律治理国家，提高党科学执政、民主执政、依法执政水平，提高运用中国特色社会主义制度有效治理国家的能力，充分发挥我国社会主义制度的优越性。

（三）正确处理全面深化改革中的重大关系

正确处理全面深化改革中的重大关系：处理好解放思想和实事求是的关系；处理好顶层设计和摸着石头过河的关系；处理好整体推进和终点突破的关系；处理好胆子要大、步子要稳的关系；处理好改革、发展、稳定的关系。

三、全面依法治国

（一）全面依法治国方略的形成发展

党的十一届三中全会明确提出"发展社会主义民主、健全社会主义法制"的重大方针。十五大明确把依法治国确立为治理国家的基本方略，把建设社会主义法治国家确定为社会主义现代化建设的重要目标。1999 年 3 月，九届全国人大二次会议通过的《中华人民共和国宪法修正案》将"依法治国"正式写入宪法。十六大提出，发展社会主义民主政治，最根本的是要把坚持党的领导、人民当家作主和依法治国有机统一起来。十七大提出，依法治国是社会主义民主政治的基本要求，强调要全面落实依法治国基本方略，加快建设社会主义法治国家。党的十八大明确提出"加快建设社会主义法治国家"，把"全面推进依法治国"作为政治改革和政治发展的重要目标和重要任务。2014 年十八届四中全会通过了《关于全面推进依法治国若干重大问题的决定》，明确提出全面推进依法治国，加快建设法治中国，开启了中国特色社会主义法治道路的新征程。十九大明确提出，全面依法治国是中国特色社会主义的本质要求和重要保障。

（二）中国特色社会主义法治道路

全面依法治国，必须走对路，要：①坚持中国共产党的领导；②坚持人民在全面依法治国中的主体地位；③坚持法律面前人人平等；④坚持依法治国和以德治国相结合；⑤坚持从中国实际出发。

（三）深化依法治国实践的重点任务

深化依法治国实践的重点任务：①推进中国特色社会主义法治体系建设；②深化依法治国实践。

四、全面从严治党

（一）新时代党的建设总要求

新时代党的建设总要求：坚持和加强党的全面领导，坚持党要管党、全面从严治党，以加强党的长期执政能力建设、先进性和纯洁性建设为主线，以党的政治建设为统领，以坚定理想信念宗旨为根基，以调动全党积极性、主动性、创造性为着力点，全面推进党的政治建设、思想建设、组织建设、作风建设、纪律建设，把制度建设贯穿其中，深入推进反腐败斗争，不断提高党的建设质量，把党建设成为始终走在时代前列、人们衷心拥护、勇于自我革命、经得起各种风浪考验、朝气蓬勃的马克思主义执政党。

（二）把党的政治建设摆在首位

党的十九大首次把党的政治建设纳入党的建设总体布局，并强调"以党的政治建设为统领"、"把党的政治建设摆在首位"，凸显党的政治建设的极端重要性，这是党的建设理论和实践的重大创新。第一，旗帜鲜明讲政治是我们党作为马克思主义政党的根本要求。第二，党的政治建设是党的根本性建设，决定党的建设方向和效果。第三，注重抓党的政治建设是党的十八大以来全面从严治党的成功经验。

（三）全面从严治党永远在路上

面对党执政环境的新变化，我们必须坚持问题导向，保持战略定力，以"越是艰险越向前"的英雄气概、"狭路相逢勇者胜"的斗争精神，把全面从严治党引向深入。具体包括：①加强党的思想建设；②加强党的组织建设；③持之以恒正风肃纪；④将制度建设贯穿党的各项建设之中；⑤深化标本兼治，夺取反腐败斗争压倒性胜利。

案例评析

【案例1】

同心同行谋发展打赢脱贫攻坚战
——统一战线帮扶毕节试验区综述

2018年7月中旬，走进贵州省毕节市金海湖新区梨树镇上小河村，满眼苍翠，绿树掩映着白墙青瓦的白族民居。村民王才龙笑着说："原来住土坯房，一年挣2000块就不得了。现在住进了二层小楼，种植蔬菜、酿酒，每年收入5万多元呢！"

上小河村，也被称为"同心新村"——2006年，上小河村被民盟中央列为毕节新农村建设的"共建试点村"，十几年来共投入各类资金6000万元，推进基础设施建设、生态环境整治、产业试点示范，打造集旅游观光、休闲度假于一体的新型旅游精品示范村。

从远近闻名的穷山沟到如今的"贵州白族第一村"，上小河村的变化是统一战线倾力参与毕节试验区精准脱贫的缩影，更是中国共产党领导的多党合作助推贫困地区发展的生动写照。

突破瓶颈，助力破解贫困难题

毕节的"穷"，曾经全国有名。这里一度是我国西南贫困带的核心区域，深受"人民贫困、生态恶化、人口膨胀"三大问题困扰，生态脆弱、交通闭塞、经济落后，有关专家曾认定毕节是不适宜人类居住的地区。

今天的毕节，贫瘠的土地披上了绿装，贫困的山村建起现代高效农业园区，拥有青山绿野的生态、四通八达的交通、连片开发的工业和连通全球的市场。

这场蜕变始于30年前，1988年6月，国务院批准建立毕节试验区。自此，在党中央、国务院的关心下，围绕"开发扶贫、生态建设、人口控制"三大主题，统一战线开启了帮扶毕节试验区攻坚克难、挑战贫困的新征程。

30年来，中央统战部、各民主党派中央、全国工商联等有关方面紧扣毕节试验区民生诉求，为试验区经济社会发展和扶贫开发作出重要贡献。一代又一代统战人进深山、走村寨、入农户深入调研；一批又一批统战系统挂职蹲点干部长期在喀斯特山区与毕节各族人民一道尽心竭力克服困难；一个个帮扶品牌

115

孕育而生，一个个发展亮点竞相迸发。

一组数字展现了统一战线在毕节试验区的努力：组织986批次8356人次专家学者到试验区考察指导工作，培训各类人才32.9万人次；新改扩建各类学校近200所，援建乡镇卫生院、村级卫生室140多个；组织召开6次统一战线参与毕节试验区建设联席会议，共协调推动项目900多个，涉及资金1200多亿元……

努力带来的成效是显著的：30年来，毕节累计减少贫困人口594万，贫困发生率从56%下降到8.89%，2017年实现25.86万人脱贫，为打赢脱贫攻坚战奠定了坚实基础。如今的毕节试验区，走出了一条以统筹经济与人口、资源、环境协调发展为主线，以改革创新为动力，实现从普遍贫困向基本小康跨越的发展路。

同心合力，展现统一战线帮扶担当

"小水窖，同心建，统一战线来支援，人背马驮看不见，山乡处处涌清泉……"这首《同心颂》，几乎是每个居住在毕节市大方县九龙山脚的村民都会用方言传唱的歌谣。

乌江支流与赤水河支流在九龙山麓交汇，水源丰富，但这里山高沟深，以前老百姓用水必须下到几公里外的河谷肩挑背驮，"虽然守着河，却吃不到水"。如今，在统一战线的援助下，村村寨寨都建起了"同心"小水窖，"用水难"这个困扰世代九龙山村民的难题成为历史。据不完全统计，截至目前，统一战线共在毕节试验区援建"同心"小水窖1.5万多口，有效解决了群众的生产生活用水问题。

以打造帮扶品牌为代表，每一个项目都凝聚着统一战线与毕节试验区人的心血和汗水。

——中央统战部牵头建立健全统一战线参与支持毕节试验区建设工作联席会议制度、部分省市统一战线参与试验区建设工作机制、干部挂职锻炼机制等帮扶机制，创造性地开展"助推发展、智力支持、改善民生、生态建设、示范带动""五大工程"，举办招商推介活动引进项目361个，推动747批7414人次专家学者、企业家到毕节考察，推动实施脱贫项目233项。

——农工党中央实施"同心助医工程"及"同心全科医生特岗人才计划"，帮助大方县完成32个乡镇309个村卫生室的标准化、规范化改造，探索让全科医生"下得去、留得住、用得上、水平高"的有效路径和工作模式。

——全国工商联在织金县投入1亿多元探索实践智力帮扶、科技示范、民生改善等多种扶贫模式，引导民营企业投资产业项目130多亿元发展县域经济，组织213家民营企业精准帮扶202个村的1.11万建档立卡贫困人口。

建立30年，毕节试验区创造了生存和发展的奇迹：2017年，毕节试验区生产总值从23.4亿元增加到1841.6亿元，城镇和农村居民人均可支配收入分别从795元、376元增加到27320元、8473元，森林覆盖率从14.9%提高到现在的52.8%，实现了从经济基础薄弱向综合实力显著提升、从人与环境矛盾突出向人与自然和谐共生的历史性转变。

奇迹的背后，凝聚着统一战线各界人士与中国共产党同甘共苦、同心协力、同舟共济的一片赤诚。

砥砺奋进，打赢脱贫攻坚这场硬仗

在大方县理化乡华麟猕猴桃种植示范基地，果木村村民赵涛俊正在对高科技品种"金圆"猕猴桃进行常规检查。该基地是农工党中央引进北京华麟科技公司在大方县创建的现代化农业产业项目，集科技成果转化、专利品种种植、产品精深加工及品牌销售为一体。

"2013年基地开始建设时我就在这里务工，一直干到现在。我还承包了基地的除草施肥等工程，每年收入在两万元左右，到今年我已经赚了十多万了。"赵涛俊兴奋地说。

加快产业转型升级是打赢脱贫攻坚战的关键。30年来，毕节试验区结合自身环境气候条件和市场需求，大力发展山地特色高效农业，把高山生态有机茶、经果林、有机蔬菜等作为农业结构调整的主导方向，农业园区总数达到326个；培育发展合作社14064个，市级以上龙头企业334家，覆盖贫困人口65.7万人。

面对"一方水土养不活一方人"的困境，恒大集团将投入35亿元，和毕节市政府共同参与到各县区的易地扶贫搬迁项目中，共解决4.2万户、18.4万贫困群众的搬迁问题，同时每户配建蔬菜大棚、肉牛养殖、乡村旅游等两个以上的产业项目，确保贫困群众"搬得出、稳得住"。

众多帮扶毕节试验区的民营企业充分发挥自己的资金、技术、市场等优势，根据当地资源特点，重点发展一批特色产业，通过提供就业岗位和职业技能培训机会，重点解决一批贫困户劳动力就业，成为当地群众致富增收新的动力。"团结一切可以调动的积极因素，形成凝聚各方力量、长期共同支持一个贫困地区的'毕节经验'，点燃了统一战线与毕节人民共同奋斗的激情，壮大了同步全面小康的力量。"毕节市人大常委会副主任、市委统战部部长黄光江说。

当前，脱贫攻坚已进入攻坚拔寨的冲刺阶段，越往后越是难啃的"硬骨头"。未来，统一战线将进一步整合和优化资源，形成强大合力，努力为贫困地区全面建成小康社会闯出新路子，在多党合作服务改革发展实践中探索新经验，凝心聚力坚决打赢脱贫攻坚这场硬仗。

（资料来源：摘自《人民网》）

评析：新时代期待新作为。在习近平新时代中国特色社会主义思想的指引下，统一战线将充分发挥特色优势，全力做好对口帮扶毕节试验区工作，在同心共筑中国梦的大道上砥砺前行！

【案例2】

以"八个坚定不移"推动勇于自我革命落到实处

全面从严治党是一场伟大的自我革命。习近平总书记强调，新时代党的建设新的伟大工程，既要培元固本，也要开拓创新，既要把住关键重点，也要形成整体态势，特别是要发挥彻底的自我革命精神。福建省委认真贯彻落实习近平党建思想，切实把党的政治建设摆在首位，提高政治站位和政治自觉，紧盯管党治党的重点领域和关键环节，鲜明提出并落实"八个坚定不移"，以永远在路上的执着把全面从严治党引向深入。

一是坚定不移维护习近平总书记核心地位、维护党中央权威和集中统一领导。讲政治是我们党培养自我革命勇气的有效途径。党的政治建设是党的根本性建设，全面从严治党首先要从政治上把握和推进。我们要旗帜鲜明讲政治，牢固树立"四个意识"，坚定"四个自信"，把维护习近平总书记核心地位、维护党中央权威和集中统一领导作为最高政治原则和根本政治规矩，始终在政治立场、政治方向、政治原则、政治道路上同以习近平同志为核心的党中央保持高度一致。习近平总书记的核心地位，是在领导进行伟大斗争、建设伟大工程、推进伟大事业、实现伟大梦想的实践中形成的，是党和人民的郑重选择，是历史的必然选择。我们要提高政治站位，做到真诚认同核心、坚决维护核心、时刻紧跟核心。保证全党服从中央，坚持党中央权威和集中统一领导，是党的建设的首要任务。我们要严明政治纪律和政治规矩，引导各级党组织和广大党员对党忠诚老实，坚决防止和纠正"七个有之"，切实做到"五个必须"。

二是坚定不移学习宣传贯彻习近平新时代中国特色社会主义思想。思想彻底纯粹是发扬自我革命精神的思想基础。习近平新时代中国特色社会主义思想是当代中国马克思主义，是21世纪马克思主义。我们要把深入学习宣传贯彻新思想作为首要的、长期的、重大的政治任务，努力学懂弄通做实。坚持领导干部带头学，深入基层一线开展宣讲，举办专题研讨班，组织开展大研讨、大交流。坚持融会贯通系统学，把学习贯彻新思想与贯彻落实习近平总书记对福建工作的重要指示精神、在福建工作期间重要理念和思想紧密结合起来，学出更加坚定的信仰、更加纯粹的忠诚、更加牢靠的担当。坚持长期深入跟进学，推进"两学一做"学习教育常态化制度化，按照党中央部署，认真开展"不忘初心、牢记使命"主题教育，及时跟进学习习近平总书记每一次重要讲话精神，推动全省各个领域、各条战线全面兴起"大学习"热潮，不断拓展学习的广度和深度。

三是坚定不移落实党中央决策部署。自我革命必须胸怀大局、服务大局。我们对党中央决策部署和习近平总书记重要指示批示都第一时间学习传达，毫不走样地贯彻落实，做到不打任何折扣、不要任何小聪明、不搞任何小动作。严格落实重大问题请示报告制度，既做好定期报告，每年都向党中央书面报告工作；又做好专题报告，每次省委全会后都向党中央报告会议情况，重要情况或突发情况立即报告。按照党的十九大作出的战略安排，积极主动对接、逐项对标对表、细化工作举措，着力打好防范化解重大风险、精准脱贫、污染防治三大攻坚战，有效破解全面建成小康社会重点难点问题。注重发挥基层党组织的战斗堡垒作用，推动党中央决策部署落实到基层。

四是坚定不移正风肃纪。作风建设是一场艰苦的自我革命，永远在路上，必须在常和长、严和实、深和细上下功夫。我们要坚决贯彻落实习近平总书记关于进一步纠正"四风"、加强作风建设重要批示精神，严格执行中央八项规定及实施细则精神和我省实施办法，紧盯重要节点，组织开展清理私人会所、机关食堂、隐蔽场所"一桌餐"和"为官不为"等专项整治，严肃查处顶风违纪行为和"四风"隐形变异问题，坚决防止回潮复燃，巩固拓展作风建设成果。党的十八大以来，我省共查处违反中央八项规定精神问题10341起，给予党纪政纪（务）处分7189人。同时大力弘扬习近平总书记在福建工作时倡导的"滴水穿石"精神和"四下基层""马上就办"等优良作风，大兴调查研究之风，深入开展向廖俊波、周炳耀同志学习活动，引导广大干部扑下身子深入群众，面对面、心贴心、实打实为民办事。

五是坚定不移反对腐败。腐败是我们党面临的最大威胁。勇于自我革命，就必须以最坚决的态度惩治腐败，以最果断的措施铲除毒瘤。党的十八大以来，我们坚持把执纪审查工作摆在突出位置，以零容忍态度惩治腐败。全省共立案55153件，给予党纪政纪（务）处分52232人，移送司法机关处理4204人。当前，反腐败斗争形势依然严峻复杂，惩治这一手决不能放松，要坚持无禁区、全覆盖、零容忍，坚持重遏制、强高压、长震慑，坚决减存量、重点遏增量，不断强化不敢腐的震慑。要深化标本兼治，加强廉政风险防控和制度建设，持续扎牢不能腐的笼子，增强不想腐的自觉。

六是坚定不移强化党内监督。党内监督是党的建设基础性工程，是自我革命的重要依托。要全面落实党内监督条例，加强对领导干部的日常监督管理，完善日常考核、定期分析制度，让党员干部习惯在受监督和约束的环境中工作生活。切实把纪律和规矩挺在前面，用好监督执纪"四种形态"，实现由"惩处极少数"向"管住大多数"拓展。近两年，全省共提醒、函询、诫勉干部1万余人。突出政治巡视，在完成九届省委对224个地方、部门和企事业单位党组和十届省委三轮巡视工作的基础上，健全巡视巡察联动机制，全面规范市县巡察工作，充分发挥巡视巡察利剑作用。

七是坚定不移深化监察体制改革。国家监察体制改革是发挥自我革命精神的鲜明体现。我们要坚决扛起落实深化国家监察体制改革的政治责任，当好"施工队长"，加强对改革任务的部署、推进和督查。忠实履行党章和宪法、监察法赋予的职责，着力构建党统一指挥、全面覆盖、权威高效的监督体系，实现对所有行使公权力的公职人员的监督全覆盖，把制度优势转化为治理效能。领导、支持和保障纪委监委依纪依法履行监督、执纪、问责职责和监督、调查、处置职责，以法治思维和法治方式有效惩治腐败。

八是坚定不移紧抓"关键少数"。习近平总书记强调，以自我革命精神把党建设好，必须抓住"关键少数"。抓"关键少数"，首先要抓一把手，推动一把手以身作则，带头做到信念过硬、政治过硬、责任过硬、能力过硬、作风过硬。要加强党性党风党纪教育，引导领导干部带头讲政德，明大德、守公德、严私德，严格落实廉洁自律准则，做到忠诚干净担当。要坚持好干部标准，贯彻落实《推进领导干部能上能下若干规定（试行）》和我省《关于防止干部"带病提拔"的实施办法》，实行省管干部选拔任用"两个提前"和蹲点调研、一线考核等做法，切实解决干与不干、干多干少、干好干坏一个样的问题，以正确选人用人导向激励干部担当作为。要认真学习贯彻习近平总书记有关重要指示和《关于进一步激励广大干部新时代新担当新作为的意见》，坚持严管与厚爱相结合、激励与约束并重，进一步健全容错纠错机制，旗帜鲜明为敢于担当、踏实做事、不谋私利的干部撑腰鼓劲，不断提振干部干事创业的精气神。

（资料来源：摘自《福建日报》）

评析：全面从严治党，重在落实责任。福建省委把管党治党作为最重要的政治责任，制定了关于落实党风廉政建设党委主体责任、纪委监督责任的意见等文件，推动"两个责任"落细落实。我们要坚持以习近平新时代中国特色社会主义思想为指导，发挥彻底的自我革命精神，按照新时代党的建设总要求，坚定不移推进全面从严治党。

实践课堂

实践一　讨论：当今中国应怎样反腐才有效？

【实践目的】

让学生通过此活动，了解新形势下党面临的"四大考验"和"四大危险"，明确党的先进性和纯洁性建设的内容，了解全面从严治党的途径。

【实践方案】

时间：课上时间。

地点：教室。

活动方式：分小组讨论，发表意见。

流程：

（1）分组。5人一组，设组长一名，记录员一名。组长明确讨论主题和方向。

（2）第一次发言。抽签产生1号、2号、3号……为第一次发言的序号。发言开始，每人发言时间不超过3分钟。记录员控制发言时间并记录发言内容。

（3）第二次发言。抽签产生1号、2号、3号……为第二次发言的序号。发言开始，每人发言时间不超过1分钟。记录员控制发言时间并记录发言内容。

（4）发言完毕后，组长与组员在记录的基础上讨论，得出简要结论。

（5）各组组长在课堂上陈述自己小组的结论，并作简要解释。

（6）教师组织全班学生对讨论过程中产生的焦点问题进行进一步讨论，最后对讨论活动作点评。

实践二　观看视频：感受银幕经典
　　　　——《逐梦小康》之《小康新梦》

【实践目的】

让学生通过此活动，使学生认识到小康社会是迈向中华民族伟大复兴，实现中国梦的一个阶段性目标，是我国社会主义现代化建设史上一个具有重要意义的发展阶段。

【实践方案】

时间：课上时间。

地点：多媒体教室。

活动方式：师生一同观看视频。

流程：

（1）教师组织学生前往多媒体教室，播放视频让学生观看。

（2）观看结束后，让学生相互交流讨论，谈谈自己的感受。

（3）请几名学生发表自己的感想。

（4）教师总结，并让学生课下撰写一篇观后感。

延伸阅读

一、精选阅读

习近平：决胜全面建成小康社会
夺取新时代中国特色社会主义伟大胜利
——在中国共产党第十九次全国代表大会上的报告

……

四、决胜全面建成小康社会，开启全面建设社会主义现代化国家新征程

改革开放之后，我们党对我国社会主义现代化建设作出战略安排，提出"三步走"战略目标。解决人民温饱问题、人民生活总体上达到小康水平这两个目标已提前实现。在这个基础上，我们党提出，到建党一百年时建成经济更加发展、民主更加健全、科教更加进步、文化更加繁荣、社会更加和谐、人民生活更加殷实的小康社会，然后再奋斗三十年，到新中国成立一百年时，基本实现现代化，把我国建成社会主义现代化国家。

从现在到2020年，是全面建成小康社会决胜期。要按照十六大、十七大、十八大提出的全面建成小康社会各项要求，紧扣我国社会主要矛盾变化，统筹推进经济建设、政治建设、文化建设、社会建设、生态文明建设，坚定实施科教兴国战略、人才强国战略、创新驱动发展战略、乡村振兴战略、区域协调发展战略、可持续发展战略、军民融合发展战略，突出抓重点、补短板、强弱项，特别是要坚决打好防范化解重大风险、精准脱贫、污染防治的攻坚战，使全面建成小康社会得到人民认可、经得起历史检验。

从十九大到二十大，是"两个一百年"奋斗目标的历史交汇期。我们既要

全面建成小康社会、实现第一个百年奋斗目标，又要乘势而上开启全面建设社会主义现代化国家新征程，向第二个百年奋斗目标进军。

综合分析国际国内形势和我国发展条件，从2020年到21世纪中叶可以分两个阶段来安排。

第一个阶段，从2020年到2035年，在全面建成小康社会的基础上，再奋斗十五年，基本实现社会主义现代化。到那时，我国经济实力、科技实力将大幅跃升，跻身创新型国家前列；人民平等参与、平等发展权利得到充分保障，法治国家、法治政府、法治社会基本建成，各方面制度更加完善，国家治理体系和治理能力现代化基本实现；社会文明程度达到新的高度，国家文化软实力显著增强，中华文化影响更加广泛深入；人民生活更为宽裕，中等收入群体比例明显提高，城乡区域发展差距和居民生活水平差距显著缩小，基本公共服务均等化基本实现，全体人民共同富裕迈出坚实步伐；现代社会治理格局基本形成，社会充满活力又和谐有序；生态环境根本好转，美丽中国目标基本实现。

第二个阶段，从2035年到21世纪中叶，在基本实现现代化的基础上，再奋斗十五年，把我国建成富强民主文明和谐美丽的社会主义现代化强国。到那时，我国物质文明、政治文明、精神文明、社会文明、生态文明将全面提升，实现国家治理体系和治理能力现代化，成为综合国力和国际影响力领先的国家，全体人民共同富裕基本实现，我国人民将享有更加幸福安康的生活，中华民族将以更加昂扬的姿态屹立于世界民族之林。

同志们！从全面建成小康社会到基本实现现代化，再到全面建成社会主义现代化强国，是新时代中国特色社会主义发展的战略安排。我们要坚忍不拔、锲而不舍，奋力谱写社会主义现代化新征程的壮丽篇章！

（资料来源：摘自《新华网》）

阅读感言

二、推荐阅读

1. 习近平：《习近平关于协调推进"四个全面"战略布局论述摘编》，中央

文献出版社 2015 年版。

2. 习近平：《习近平关于全面建成小康社会论述摘编》，中央文献出版社 2016 年版。

3. 习近平：《习近平关于全面从严治党论述摘编》，中央文献出版社 2016 年版。

三、至理名言

雄关漫道真如铁，而今迈步从头越。

——毛泽东

全面建成小康社会，是我们奋斗目标的第一步，也是关键一步。这个目标实现之时，中国经济总量将达到近十七万亿美元，人民生活水平将明显提高。

——习近平

落实好全面建成小康社会、全面深化改革、全面依法治国、全面从严治党的战略布局，要求全党同志以与时俱进、奋发有为的精神状态，不断推进实践创新和理论创新，继续书写马克思主义中国化、时代化新篇章。

——习近平

第十二章

全面推进国防和军队现代化

学习引导

【学习目标】
①明确如何坚持走中国特色强军之路。
②明确如何推动军民融合深度发展。

【学习重点】
①理解习近平强军思想。
②明确并坚持党对人民军队的绝对领导。
③理解富国与强军相统一的思想。

【学习难点】
①理解建设世界一流军队的要求。
②掌握形成军民融合深度发展格局的策略。

知识点睛

一、坚持走中国特色强军之路

（一）习近平强军思想

习近平强军思想主要内容：一是强国必须强军，巩固国防和强大人民军队是新时代坚持和发展中国特色社会主义、实现中华民族伟大复兴的战略支撑。二是党在新时代的强军目标是建设一支听党指挥、能打胜仗、作风优良的人民军队，必须同国家现代化进程相一致，力争到2035年基本实现国防和军队现代化，到本世纪中叶把人民军队全面建成世界一流军队。三是党对军队绝对领导是人民军队建军之本、强军之魂，必须全面贯彻党领导军队的一系列根本原则和制度，确保部队绝对忠诚、绝对纯洁、绝对可靠。四是军队是要准备打仗的，必须聚焦能打仗、打胜仗，创新发展军事战略指导，构建中国特色现代作战体系，全面提高新时代备战打仗能力，有效塑造态势、管控危机、遏制战争、打赢战争。五是作风优良是我军鲜明特色和政治优势，必须加强作风建设、纪律建设，坚定不移正风肃纪、反腐惩恶，大力弘扬我党我军光荣传统和优良作风，永葆人民军队性质、宗旨、本色。六是推进强军事业必须坚持政治建军、改革强军、科技兴军、依法治军，更加注重集约高效、更加注重军民融合，全面提高革命化现代化正规化水平。七是改革是强军的必由之路，必须推进军队组织形态现代化，构建中国特色现代军事力量体系，完善中国特色社会主义军事制度。八是创新是引领发展的第一动力，必须坚持向科技创新要战斗力，统筹推进军事理论、技术、组织、管理、文化等各方面创新，建设创新型人民军队。九是现代化军队必须构建中国特色军事法治体系，推进治军方式根本性转变，提高国防和军队建设法治化水平。十是军民融合发展是兴国之举、强军之策，必须坚持发展和安全兼顾、富国和强军统一，形成全要素、多领域、高效益军民融合深度发展格局，构建一体化的国家战略体系和能力。

（二）坚持党对人民军队的绝对领导

党的领导是人民军队战无不胜的根本保证。党对军队的绝对领导，其基本内容是：军队必须完全地无条件地置于中国共产党的领导之下，在思想上政治上行动上始终与党中央、中央军委保持高度一致，坚决维护党中央、中央军委权威，任何时候任何情况下都坚决听从党中央、中央军委指挥。

（三）建设世界一流军队

1. 牢固树立战斗力这个唯一的根本的标准

把战斗力作为唯一的根本的标准，是有效履行我军根本职能的内在要求，也是提高军队建设质量效益的客观需要。

2. 坚持政治建军、改革强军、科技兴军、依法治军

政治建军是人民军队的立军之本。改革是我军发展壮大、制胜未来的关键一招。科技是现代战争的核心战斗力。依法治军、从严治军是我们党建军治军的基本方略。

3. 构建中国特色现代军事力量体系

构建中国特色现代军事力量体系是建设世界一流军队的力量基础。总体来说，就是要加快形成精干、联合、多能、高效的信息化军事力量体系，重点是优化作战力量结构，建设现代化陆军、海军、空军、火箭军、战略支援部队和武警部队，促进各军兵种力量协调发展。

4. 深入推进练兵备战

建设世界一流军队，必须始终聚焦备战打仗，全部心思向打仗聚焦，各项工作向打仗用劲，锻造召之即来、来之能战、战之必胜的精兵劲旅。

二、推动军民融合深度发展

（一）坚持富国和强军相统一

坚持富国和强军相统一是我们党的一贯主张。坚持富国和强军相统一是经济建设和国防建设协调发展规律的内在要求。走军民融合式发展路子，是实现富国和强军统一的重要途径。

（二）加快形成军民融合深度发展格局

加快形成军民融合深度发展格局的策略：

（1）坚持全国一盘棋。

（2）健全体制机制。

（3）强化战略规划。

（4）突出重点领域。

案例评析

【案例1】

开创新时代网信军民融合深度发展新局面

"网信军民融合是军民融合的重点领域和前沿领域，也是军民融合最具活力和潜力的领域。"习主席在全国网络安全和信息化工作会议上的重要讲话，为加强网信领域军民融合指明了方向，提供了根本遵循。

网信事业代表着新的生产力和新的发展方向，许多技术和产品军民通用性强。网信事业高质量推进，既能为经济社会发展注入强劲动力，也能为军队信息化建设提供强大支撑。共建基础设施、共用技术成果、共享信息资源，不仅有利于发挥对国防建设和经济社会发展的双向拉动作用，助推军队新质战斗力和社会生产力提升，也有利于军地形成合力，开创新时代网信领域军民融合深度发展新局面。

融合才能强盛，一体方可制胜。随着世界新军事革命迅猛发展，战争形态加速向信息化战争演变。构成基于信息系统体系作战能力的军事信息系统、信息化武器装备系统、信息化支撑环境，其生成所需要的资源涉及整个国家的战略资源，必然要求创造财富的方式与军事活动的方式深度融合。可以说，基于信息系统的体系作战能力，其根基深深植入经济社会的沃土之中。信息化条件下的体系对抗，更加鲜明地表现为以国家整体实力为基础的体系对抗。只有加快推进网信军民融合，聚合军地优势力量和资源，才能加快生成和提高基于网络信息体系的联合作战能力，全面提高新时代备战打仗能力。

党的十八大以来，军地各级按照党中央和习主席决策部署，推动融合由传统领域向新兴领域拓展，在网信军民融合上努力探索实践，不断丰富融合形式、拓展融合范围、提升融合层次，取得了较好的军事效益、经济效益和社会效益。同时要看到，这种融合还处于初步融合向深度融合发展阶段，思想观念需要更新，顶层统筹统管体制还需要健全，政策法规和运行机制还有待完善，工作执行力度需进一步加大。破解这些难题，迫切需要军地双方共同发力、相向而行，做到应融则融、能融尽融。

（资料来源：摘自《中国军网》）

评析：加强网信领域军民融合，是重大的战略工程，也是一项长期的艰巨任务。要切实把思想和行动统一到习主席重要讲话精神上来，深入贯彻网络强国战略和军民融合发展战略，抓住当前信息技术变革和新军事变革的历史机遇，深刻理解生产力和战斗力、市场和战场的内在关系，把握网信军民融合的工作机理和规律，推动形成全要素、多领域、高效益的军民深度融合发展的格局，为实现中国梦强军梦提供强大支撑。

【案例2】

让人工智能成为提升国防实力的助推器

人工智能的发展，为作战理论变革、武器装备智能化发展带来重大机遇，成为当前国防科技竞争中最前沿的领域。

恩格斯曾言，尖端科技的应用最早是从军事领域开始。当新科技显著提升军事作战能力时，便促成新军事变革的发生。随着大数据、云计算与脑类芯片等技术的发展，人工智能技术在经历了弈棋、遗传工程、资源勘探等初级应用阶段后，正加速向军事领域挺进。有人甚至预言，继火药和核武器之后，人工智能将引领军事技术领域的第三次革命。

与传统的武器相比，人工智能武器除了具有全方位、全天候的作战能力优势外，还具有较强的战场生存能力和较低的使用成本。人工智能在军事领域的应用，必将对军队的编成、武器装备、作战理念产生重大影响，从根本上改变未来战争的方式。

"见之于未萌、识之于未发，下好先手棋，打好主动仗。"科学技术在历次军事变革中起到源发性、支撑性作用，谁对新技术有敏感性并率先实现突破，谁就能掌握新的战争规则、控制打赢未来战争的制高点。我国近年来紧贴新军事变革要求，在无人机制造、智能作战指挥系统方面取得长足的进步。亦应看到，我国军事领域人工智能技术在基础理论与材料、核心算法、元器件等方面尚有待突破，相关基础设施、人才储备、政策法规、标准体系亟待完善。必须紧跟人工智能技术发展，加快做好技术创新的战略性布局，科学应对战争形态可能出现的演变，助推国防实力的提升。

习主席在出席十三届全国人大一次会议解放军和武警部队代表团全体会议时强调，要密切关注世界军事科技和武器装备发展动向，努力抢占科技创新战略制高点。将人工智能运用于提升国防和军队现代化建设水平，既是机遇又有挑战。必须牢固树立科技兴军思想、搞好战略统筹，夯实人工智能发展的科研基础，重点突破制约国防实力提升的关键技术难题，加快军队武器装备、指挥

系统与作战方式的智能化步伐。要完善人工智能军民融合制度体系的构建,将智能产业与现有军工资源整合用活,敏锐洞察新技术发展趋势及其军事应用前景,捕捉国防实力提升的潜在增长点。要逐步推进人工智能技术与装备在军队的普及与运用,引导官兵解绑传统作战思维,把握识别人工智能战争属性。

(资料来源:摘自《人民网》)

评析: 当前,国际竞争形势错综复杂,不确定因素所致的安全隐患陡增。军队必须拥有与维护国家安全、维护世界和平担当相匹配的军事能力。这要求我军把准尖端科技研发脉络,抓住人工智能快速发展契机,准确把握智能化向军事领域深度扩散渗透的趋势,从而有效应对未来战争形态变革中的各种风险挑战,推动国防建设跨越式发展,为实现中国梦、强军梦提供坚强力量保证,为和平与发展这一全人类共同愿望的实现贡献力量。

实践课堂

实践一 观看视频:感受银幕经典——《建军大业》

【实践目的】

让学生通过观看视频,了解中国共产党人创建革命武装的艰难历程,体会强国必须强军的思想。

【实践方案】

时间:课上时间。

地点:多媒体教室。

活动方式:师生一同观看视频。

流程:

(1)教师组织学生前往多媒体教室,播放视频让学生观看。

(2)观看结束后,让学生相互交流讨论,谈谈自己的感受。

(3)请几名学生发表自己的感想。

(4)教师总结,并让学生课下撰写一篇观后感。

实践二 资料搜集:中国国防

【实践目的】

让学生通过此活动,了解我国的国防力量,加深对国防和军队现代化建设的认识，把握党在新形势下的强军目标和建军治军总方略，增强民族自豪感。

【实践方案】

时间：课余完成，课堂展示。

地点：教室。

活动方式：分小组进行。

流程：

（1）分组。5人一组，设组长一名。

（2）各组成员分工合作，搜集我国国防发展、国防现代化建设、军队建设等相关资料。

（3）将所得到的资料制作成PPT，在课堂上展示并讲解。

延伸阅读

一、精选阅读

牢固确立习近平强军思想在国防和军队建设中的指导地位

党的十九大鲜明提出习近平强军思想，强调确立习近平强军思想在国防和军队建设中的指导地位。这为实现党在新时代的强军目标、全面建成世界一流军队，明确了根本引领和科学指南。

党的军事指导理论发展的新境界

进入新时代，如何着眼实现中华民族伟大复兴战略全局，筹划好军事力量建设和运用这一"国之大事"？如何适应国家安全环境深刻变化和世界军事发展潮流，走好中国特色的强军之路？如何与国家现代化进程相一致，对全面推进国防和军队现代化作出战略安排？这是关乎国家和民族前途命运的根本性方向性问题，也是新时代党的军事指导理论着力解决的重大理论和实践课题。

习近平强军思想，深刻把握新时代中国特色社会主义发展对国防和军队建设提出的新要求，全面部署新时代的强军事业，明确强国必须强军，巩固国防和强大人民军队是新时代坚持和发展中国特色社会主义、实现中华民族伟大复兴的战略支撑；明确党在新时代的强军目标是建设一支听党指挥、能打胜仗、作风优良的人民军队，必须同国家现代化进程相一致，力争到2035年基本实现国防和军队现代化，到21世纪中叶把人民军队全面建成世界一流军队；明确党对军队绝对领导是人民军队建军之本、强军之魂，必须确保部队绝对忠诚、绝

对纯洁、绝对可靠；明确军队是要准备打仗的，必须聚焦能打仗、打胜仗，创新发展军事战略指导，构建中国特色现代作战体系，全面提高新时代备战打仗能力，有效塑造态势、管控危机、遏制战争、打赢战争；明确作风优良是我军鲜明特色和政治优势，必须加强作风建设、纪律建设，坚定不移正风肃纪、反腐惩恶，大力弘扬我党我军光荣传统和优良作风，永葆人民军队性质、宗旨、本色；明确推进强军事业必须坚持政治建军、改革强军、科技兴军、依法治军，更加注重聚焦实战、更加注重创新驱动、更加注重体系建设、更加注重集约高效、更加注重军民融合，全面提高革命化现代化正规化水平；明确改革是强军的必由之路，必须推进军队组织形态现代化，构建中国特色现代军事力量体系，完善中国特色社会主义军事制度；明确创新是引领发展的第一动力，必须坚持向科技创新要战斗力，统筹推进军事理论、技术、组织、管理、文化等各方面创新，建设创新型人民军队；明确现代化军队必须构建中国特色军事法治体系，推动治军方式根本性转变，提高国防和军队建设法治化水平；明确军民融合发展是兴国之举、强军之策，必须坚持发展和安全兼顾、富国和强军统一，形成全要素、多领域、高效益军民融合深度发展格局，构建一体化的国家战略体系和能力。习近平强军思想，把马克思主义军事理论和中国军事实践提升到了新的境界。

新时代人民军队的强军之道、制胜之道

自从有了马克思主义及其中国化理论成果，中国现代历史发展就"一新其面目"，饱尝屈辱和磨难的中华民族真正迈上伟大复兴的征程；正是有了马克思主义军事理论中国化成果的指引，中国共产党打造了一支完全不同于其他一切军队的新型人民军队，并指挥这支军队创造了一个又一个军事实践奇迹。这就是科学理论的伟大力量。

习近平强军思想升华了我们党对新时代军事指导规律的认识，充分展现出真理魅力和实践威力。党的十八大以来，正是在习近平强军思想指引下，人民军队重整行装再出发，实现了政治生态重塑、组织形态重塑、力量体系重塑、作风形象重塑。实践昭示我们，面对强国强军的时代要求，必须全面贯彻习近平强军思想。

引领强军的思想旗帜。习近平强军思想深刻阐明了新时代国防和军队建设的历史方位、战略目标、使命任务、指导方针、强大动力、根本保证、科学方法等，绘就了实现党在新时代强军目标、把人民军队建成世界一流军队的目标图路线图。在习近平强军思想指引下坚定前行，我们就能在纷繁复杂的当今世界，始终保持正确航向、不断夺取新的伟大胜利。

克敌制胜的锐利武器。对一个政党、一支军队来说，思想制胜是最根本的

优势所在。习近平强军思想是马克思主义科学世界观方法论在当代军事领域的具体运用，是当代中国共产党人政治智慧、军事智慧的集中展现。新的征程上，无论是建设强大军队，还是赢得未来战争，无论是谋创新、求发展，还是有效化解矛盾、应对风险挑战，都要求我们全面贯彻习近平强军思想，并切实转化为科学思维、政治能力和战略智慧。

凝聚军心意志的强大力量。伟大征程注定不会是一条坦途，伟大事业必然伴随着艰难曲折，更加需要强大精神力量作支撑。只有把习近平强军思想内化为坚定信仰、战略定力，敢于担当、敢于胜利，才能做到万众一心、百折不挠，向着既定的宏伟目标奋勇前进。

全面贯彻习近平强军思想关键要在"实"上下功夫

习近平总书记对学习贯彻党的十九大精神提出了"学懂弄通做实"的要求。新时代的理论武装工作同样要在"学懂弄通做实"上下功夫，真正在学风上展现新的风尚，确保学习贯彻取得实实在在的成效。

进一步坚定政治信念。理论武装工作首先要补精神之钙、固思想之元。对人民军队来说，最核心最紧要的就是铸牢军魂，牢固树立"四个意识"，坚决维护权威、维护核心、维护和贯彻军委主席负责制，在思想上政治上行动上同党中央、中央军委和习主席保持高度一致，坚决听从党中央、中央军委和习主席指挥。

着力研究解决重大现实问题。用科学理论指导实践、推动工作，在宏观层面体现为方向引领、根本遵循、行动指南，在微观层面体现为研究新情况、破解新矛盾、推动新发展。要以习近平强军思想为指导，深入研究军队建设、改革和军事斗争准备中的重大理论和现实课题，以理论成果助推军事能力建设，服务强军兴军实践。

展现新的精神风貌。新时代要有新作为，有新作为必须有新的精神风貌。全面贯彻习近平强军思想，一个重要方面就是要进一步强化家国情怀，真正把为党尽责、为民造福、为国家和民族做出新的贡献作为矢志不渝的追求，以永不懈怠的精神状态和一往无前的奋斗姿态投入工作，切实肩负起党和人民赋予的新时代使命任务。

（资料来源：摘自《光明思想理论网》）

> 阅读感言

二、推荐阅读

1. 任天佑，赵周贤：《中国梦与强军梦》，人民出版社 2015 年版。

2. 习近平：《把强军事业不断推向前进》，《习近平谈治国理政》第 2 卷，外文出版社 2017 年版。

3. 习近平：《建设一支听党指挥、能打胜仗、作风优良的人民军队》，《习近平谈治国理政》第 1 卷，外文出版社 2018 年版。

三、至理名言

我们的原则是党指挥枪，而决不容许枪指挥党。

——毛泽东

我国现代化建设的一条重要经验，就是坚持国防建设与经济建设协调发展的方针，在经济发展的基础上推进国防和军队现代化。

——江泽民

中华民族实现伟大复兴，中国人民实现更加美好生活，必须加快把人民军队建设成为世界一流军队。

——习近平

我们要实现中华民族伟大复兴，必须坚持富国和强军相统一，努力建设巩固国防和强大军队。

——习近平

第十三章

中国特色大国外交

学习引导

【学习目标】

①了解中国的和平发展道路。

②掌握如何推动构建人类命运共同体。

【学习重点】

①了解世界目前所处于的大发展大变革大调整时期的情况。

②认识中国独立自主的和平外交政策。

③理解"一带一路"建设对推动构建人类命运共同体的意义和作用。

④理解构建人类命运共同体思想的内涵。

【学习难点】

①理解推动建立新型国际关系的策略。

②掌握共商共建人类命运共同体的政策。

知识点睛

一、坚持和平发展道路

(一) 世界正处于大发展大变革大调整时期

1. 世界多极化在曲折中发展

第二次世界大战后,世界格局的演变,经历了从两大阵营对立到美苏两个超级大国争霸全球,再到两极格局终结、走向多极化的曲折发展过程。

多极化格局有利于遏制霸权主义和强权政治,有利于推动建立公正合理的国际政治经济新秩序,也有利于广大发展中国家抓住机遇、发展自己。但也要清醒地看到,世界多极化进程是一个长期的、曲折的过程。

2. 经济全球化深入发展

20世纪90年代以来,随着冷战的结束,新科技革命的大力推进,特别是信息技术取得突破并广泛运用,全球资本的跨国流动迅速加快,经济全球化得以迅猛发展。

经济全球化有利于促进资本、技术、知识等生产要素在全球范围内的优化配置,为全球经济和社会发展提供了前所未有的物质技术条件,给各国各地提供了新的发展机遇。但经济全球化是一把"双刃剑",它在推动全球生产力大发展、加速世界经济增长的同时,也带来一些负面影响,增多了全球共同面临的社会经济问题,加剧了国际竞争,增加了国际风险,并对国际主权和发展中国家的民族工业造成了一定冲击。

3. 文化多样化持续推进

文化多样化是人类文明进步的重要动力,维护和促进世界文化多样化是大多数国家的共同愿望。伴随着经济全球化和世界多极化的推进,文化与经济、政治的联系日益紧密,经济的文化含量日益提高,文化已成为国家核心竞争力的重要因素,越来越多的国家把提高国家文化软实力作为重要发展战略。

4. 社会信息化快速发展

当今世界,信息技术革命日新月异,信息技术成为率先渗透到经济社会生活各领域的先导技术,对国际政治、经济、文化、社会、军事等领域的发展产生了深刻影响。

社会信息化的一个重要标志是互联网的飞速发展和广泛应用。互联网日益成为创新驱动发展的先导力量，深刻改变着人们的生产生活方式，有力推动着社会发展。

5. 科学技术孕育新突破

20世纪90年代以来，以信息技术和生物技术为核心的现代科学技术迅猛发展，对经济、社会的影响日益增强。新一轮科技革命和产业变革正在孕育兴起，信息技术、生物技术、新材料技术、新能源技术广泛渗透，带动几乎所有领域发生了以绿色、智能、泛在为特征的群体性技术革命，大数据、云计算、移动互联网等新一代信息技术同机器人和智能制造技术相互融合步伐加快，科技创新链条更加灵巧，技术更新和成果转化更加快捷，产业更新换代不断加快。

（二）坚持独立自主和平外交政策

实现和平发展，是中国人民的真诚愿望和不懈追求。新中国成立近70年来特别是改革开放40年来，中国奉行独立自主和平外交政策，成功地走上了一条与本国国情和时代特征相适应的和平发展道路。中国坚定不移地奉行独立自主的和平外交政策，走和平发展道路，这是由我国的社会主义性质和在国家上的地位所决定的，是从历史、现实、未来的客观判断中得出的结论，是思想自信和实践自觉的有机统一。

（三）推动建立新型国际关系

推动建立新型国际关系：要坚决维护国家核心利益；要在和平共处五项原则基础上发展同世界各国的友好合作；要积极参与全球治理体系改革和建设；要加强涉外法律工作，完善涉外法律法规体系；要把相互尊重、公平正义、合作共赢理念体现到政治、经济、安全、文化等对外合作的方方面面，推动构建人类命运共同体。

二、推动构建人类命运共同体

（一）构建人类命运共同体思想的内涵

构建人类命运共同体思想，是一个科学完整、内涵丰富、意义深远的思想体系，其核心就是"建设持久和平、普遍安全、共同繁荣、开放包容、清洁美丽的世界"。第一，政治上，要相互尊重、平等协商，坚决摒弃冷战思维和强权

政治，走对话不对抗、结伴而不结盟的国与国交往新路。第二，安全上，要坚持以对话解决争端、以协商化解分歧，统筹应对传统和非传统安全威胁，反对一切形式的恐怖主义。第三，经济上，要同舟共济，促进贸易和投资自由化便利化，推动经济全球化朝着更加开放、包容、普惠、平衡、共赢的方向发展。第四，文化上，要尊重世界文明多样性，以文明交流超越文明隔阂、文明互鉴超越文明冲突、文明共存超越文明优越。第五，生态上，要坚持环境友好，合作应对气候变化，保护好人类赖以生存的地球家园。

（二）促进"一带一路"国际合作

习近平指出"以'一带一路'建设为契机，开展跨国互联互通，提高贸易和投资合作水平，推动国际产能和装备制造合作，本质上是通过提高有效供给来催生新的需求，实现世界经济再平衡……有利于稳定当前世界经济形势。"

中国政府倡议，共建"一带一路"恪守联合国宪章的宗旨和原则，坚持开放合作、和谐包容、市场运作、互利共赢。秉持和平合作、开放包容、互学互鉴、互利互赢的理念，全方位推进务实合作，打造政治互信、经济融合、文化包容的利益共同体、命运共同体和责任共同体，以政策沟通、设施联通、贸易畅通、资金融通、民心相通为主要内容加强合作。

党的十九大提出要以"一带一路"建设为重点，一是要坚持引进来和走出去并重，深化双向投资合作。二是坚持共商共建共享原则。三是加强创新能力开放合作，主要是加强技术创新合作、理论创新交流互鉴、创新人才资源交流合作。四是把"一带一路"与构建人类命运共同体更加紧密结合起来，与落实2030年可持续发展议程紧密结合起来，打造国际合作新平台，增添共同发展新动力，把"一带一路"建成和平之路、繁荣之路、开放之路、创新之路、文明之路。

（三）共商共建人类命运共同体

第一，坚持和平发展道路，推动建设新型国际关系。第二，不断完善外交布局，积极发展全球伙伴关系。第三，深度参与全球治理，积极引导国际秩序改革方向。第四，推动国际社会从伙伴关系、安全格局、经济发展、文明交流、生态建设等方面为建立人类命运共同体作出努力。

案例评析

【案例1】

"五观"为构建人类命运共同体指明了方向

在中央外事工作会议上，习近平总书记指出，要高举构建人类命运共同体旗帜，推动全球治理体系朝着更加公正合理的方向发展。这表明今后中国将更加积极主动地从理念和实践层面推动构建人类命运共同体。在上海合作组织青岛峰会上，习近平总书记提出"五观"，既赋予"上海精神"新内涵，为上合组织发展注入了新动力，又深化了对人类命运共同体的认识，为推动构建人类命运共同体指明了方向。

坚持以创新、协调、绿色、开放、共享的发展观构建发展共同体。发展是解决一切问题的总钥匙。在世界经济遭遇贸易保护主义"逆风"、经贸摩擦日益增多、贫富差距不断扩大的背景下，坚持新发展观有利于各国充分释放发展潜力，增强发展内生动力和抗风险能力，实现绿色低碳发展，并通过开放、共享进一步解决人民日益增长的美好生活需要与不平衡不充分的发展之间的矛盾，推动建设一个共同繁荣、持续发展的新世界。

坚持以共同、综合、合作、可持续的安全观构建安全共同体。当前，国际形势中的不稳定性不确定性突出，地区热点问题频发，传统和非传统安全威胁相互交织，安全问题的内涵和外延都在进一步拓展，坚持新安全观有利于人们树立合作应对安全挑战的意识，有利于调动有关国家的积极性、主动性，鼓励有关国家平等参与全球和地区安全治理，通过对话协商更加充分有效地解决安全难题，推动建设一个普遍安全、持久和平的新世界。

坚持以开放、融通、互利、共赢的合作观构建利益共同体。当今世界，利益交融、命运与共，任何一个国家都不能靠单打独斗解决自身所面临的各种困难。以合作促和平，以合作促发展，以合作求共赢，已是大势所趋。只有坚持新合作观，在自身发展的同时促进共同发展，在尊重彼此利益的同时不断谋求利益契合点和合作最大公约数，把合作共赢的理念转化为各国实实在在的自觉行动，才能推动经济全球化朝着更加开放、包容、普惠、共赢的方向发展，才能真正推动建设一个和衷共济、合作共赢的新世界。

坚持以平等、互鉴、对话、包容的文明观构建文明共同体。在国际社会各种矛盾和问题叠加之际，如何正确处理不同国家、不同社会制度、不同文明形态之间的关系，不仅关系国与国之间的关系，更关乎人类发展方向。新文明观超越了意识形态、政治制度、文明形态的差异，与冷战思维、强权政治划清界限，提倡所有国家相互尊重、相互信任、完全平等，不同文明交流互鉴、取长补短、共同进步，有利于维护世界和平稳定，有利于实现国际关系民主化，有利于推动建设一个开放包容、互学互鉴的新世界。

坚持以共商共建共享的全球治理观构建责任共同体。当前，世界层面的制度失灵、责任缺失对全球治理提出新要求，全球治理体系变革正处在历史转折点上，但旧的少数大国说了算的全球治理思维和体制机制严重制约了全球治理创新。新全球治理观着眼打破旧思维藩篱，倡导各国共同面对困难和挑战，共同承担责任和义务，共同分享治理权利和成果，为破解当今世界面临的共同难题提供了新思路，有利于推动建设一个民主协商、公平正义的新世界。

2018年是人类命运共同体理念提出五周年。五年来，从"一带一路"倡议到"上海精神"，从二十国集团峰会到金砖国家领导人峰会，从亚太经合组织领导人会晤到博鳌亚洲论坛，从中国—联合国和平与发展基金到亚洲基础设施投资银行，从经济领域到安全领域，中国通过不断努力，推动、引领越来越多的国家和国际组织认识到构建人类命运共同体的重大意义，并参与到构建人类命运共同体的进程中，为人类和平与发展的崇高事业注入了源源不断的正能量。我们相信，在"五观"指引下，构建人类命运共同体的伟业将不断取得新成果，一个更加美好的新世界将呈现在世人面前。

（资料来源：摘自《当代世界》2018年第7期）

评析："五观"，即发展观、安全观、合作观、文明观和全球治理观。习近平主席提出的"五观"，是国际关系的理论和实践的重大创新，是区域合作新模式的创新。它是在认识和把握世界大势和时代潮流的基础上，应对时代难题和风险挑战作出的回答，也为上合组织未来的发展指明了方向。

【案例2】

中巴首条陆地直达光缆建成开通

2018年7月13日，"一带一路"关键性项目——"中巴光缆"开通仪式在巴基斯坦首都伊斯兰堡举行。

"中巴光缆"从中国乌鲁木齐市经中巴边境红其拉甫口岸到巴基斯坦拉瓦尔品第市，全长2950公里。"中巴光缆"穿越喀喇昆仑山脉、兴都库什山、帕米尔高原、喜马拉雅山脉，经过了海拔4733米全世界最高的红其拉普口岸，全程大多数地区地质地形复杂、海拔高，需要穿越近百公里无人区。中国电信与合作伙伴携手克服建设工期短，施工难度大等重重困难，完成了全线光缆、机房和站点配套设施的建设，多年的梦想终于成为现实。

中国驻巴基斯坦大使姚敬在开通仪式上表示，"中巴光缆"项目是连接中国和巴基斯坦的首条跨境直达陆地光缆，是"中巴经济走廊"早期收获项目，也是中国电信实现与周边国家网络互联互通的战略性重点项目。

日前，中国电信与巴方合作伙伴成功进行了跨境系统测试验收，全程各项传输指标良好，已完全具备开通大容量业务的条件。

"中巴光缆"从项目发起到现在开通，跨越了整整十年。"中巴光缆"开通后，将大幅缩短中巴之间的通信时延，使中国通往中东与非洲形成全新的战略通道。作为"中巴经济走廊"的基础性项目，"中巴光缆"开通将使中巴经济走廊的基础设施能力大幅提高，也为"中巴信息走廊"提供关键性的能力。

（资料来源：摘自《中国一带一路网》）

评析： "中巴光缆"的开通，标志着两国基础设施互联互通取得重大突破性进展，两国之间无陆地光缆连接的历史一去不复返，这是中巴两国通信与信息化领域合作的重要里程碑，也是两国共建"一带一路"取得的最新成果。

实践课堂

实践一　观看视频：感受银幕经典
——《与全世界做生意》之《与世界的距离》

【实践目的】

让学生通过观看视频，明确和平与发展是当今时代的主题，了解经济全球化对我国的影响，进一步加深对我国外交政策和国际战略选择的理解。

【实践方案】

时间：课上时间。

地点：多媒体教室。

活动方式：师生一同观看视频。

流程：

（1）教师组织学生前往多媒体教室，播放视频让学生观看。

（2）观看结束后，让学生相互交流讨论，谈谈"经济全球化利大于弊，还是弊大于利"。

（3）请几名学生发表自己的感想。

（4）教师总结，并让学生课下撰写一篇观后感。

实践二　讨论：奉行和平外交政策是软弱的表现吗？

【实践目的】

让学生通过此活动，了解我国坚持走和平发展道路的原因和意义，加深对独立自主、和平外交政策的认识，理解我国推动建立以合作共赢为核心的新型国际关系的战略选择。

【实践方案】

时间：课上时间。

地点：教室。

活动方式：分小组讨论，发表意见。

流程：

（1）分组。5人一组，设组长一名，记录员一名。组长明确讨论主题和方向。

（2）第一次发言。抽签产生1号、2号、3号……为第一次发言的序号。发言开始，每人发言时间不超过3分钟。记录员控制发言时间并记录发言内容。

（3）第二次发言。抽签产生1号、2号、3号……为第二次发言的序号。发言开始，每人发言时间不超过1分钟。记录员控制发言时间并记录发言内容。

（4）发言完毕后，组长与组员在记录的基础上讨论，得出简要结论。

（5）各组组长在课堂上陈述自己小组的结论，并作简要解释。

（6）教师组织全班学生对讨论过程中产生的焦点问题进行进一步讨论，最后对讨论活动作点评。

延伸阅读

一、精选阅读

2018年上半年中企对"一带一路"沿线投资增长12%　境外经贸合作区增至82家

2018年上半年，我国境内投资者共对全球151个国家和地区的3617家境外企业进行了非金融类直接投资，累计实现投资571.8亿美元，同比增长18.7%。对外承包工程完成营业额727.6亿美元，同比增长8.1%；新签合同额1067.4

亿美元，同比下降13.8%。对外劳务合作派出各类劳务人员21.8万人，6月末在外各类劳务人员99.6万人，较去年同期增加7.8万人。

商务部合作司负责人指出，2018年上半年，对外投资合作保持平稳健康发展，主要呈现以下特点：

一是对"一带一路"沿线国家投资合作稳步推进。上半年，我国企业对"一带一路"沿线的55个国家有新增投资，合计74亿美元，同比增长12%。在"一带一路"沿线国家新签对外承包工程合同额477.9亿美元，占同期总额的44.8%；完成营业额389.5亿美元，占同期总额的53.5%。在24个"一带一路"沿线国家在建境外经贸合作区82家，新增投资25.9亿美元，占我国境外经贸合作区新增总投资的87%；上缴东道国税费3亿美元，占比71.4%。

二是对外投资方式创新显现，跨境并购为主要手段。上半年，对外投资出现了绿地投资、收购并购、联合投资、实物投资、股权置换、返程投资等多种形式。其中，在跨境并购方面，有关企业共实施并购项目140起，分布在全球41个国家和地区，涉及国民经济16个行业大类，实际交易总额261.1亿美元，主要分布在制造业和采矿业。

三是对外投资行业结构持续优化，非理性投资得到有效遏制。上半年，对外投资主要流向租赁和商务服务业、制造业、采矿业以及批发和零售业，占比分别为32.6%、15.8%、11.5%和9.5%。房地产业、体育和娱乐业对外投资没有新增项目。

四是境外经贸合作区建设成效显著，促进我国与东道国共同发展。截至2018年上半年，我国企业共在46个国家建设初具规模的境外经贸合作区113家，累计投资348.7亿美元，入区企业4542家，上缴东道国税费28.6亿美元，为当地创造就业岗位28.7万个。

五是对外承包工程新签大项目多，带动出口作用明显。上半年，对外承包工程新签合同额在5000万美元以上的项目356个，合计905.5亿美元，占新签合同总额的84.8%。对外承包工程带动货物出口89.9亿美元，同比增长23.1%。

2018年上半年，相关主管部门共备案或核准对外投资企业3743家，中方协议投资额682.5亿美元。其中备案或核准非金融类对外投资企业3719家，中方协议投资额632.7亿美元；备案或核准金融类对外投资企业24家，中方协议投资额49.8亿美元。商务部宏观监测显示，2018年上半年，中国对外投资总体处于较为活跃的区间。

（资料来源：摘自《中国一带一路网》）

> 🎤 阅读感言

二、推荐阅读

1. 王帆：《大国外交》，北京联合出版公司 2016 年版。

2. 习近平：《中国必须有自己特色的大国外交》，《习近平谈治国理政》第 2 卷，外文出版社 2017 年版。

3. 习近平：《携手推进"一带一路"建设》，《习近平谈治国理政》第 2 卷，外文出版社 2017 年版。

三、至理名言

实现中国梦必须走中国道路，必须弘扬中国精神，必须凝聚中国力量。

——习近平

我提出"一带一路"倡议，就是要实现共赢共享发展。

——习近平

当今世界，各国相互依存、休戚与共。我们要继承和弘扬联合国宪章的宗旨和原则，构建以合作共赢为核心的新型国际关系，打造人类命运共同体。

——习近平

第十四章

坚持和加强党的领导

学习引导

【学习目标】

①认识中国共产党的领导地位是历史的必然,是人民的选择。

②明确党是最高政治领导力量,必须毫不动摇坚持党对一切工作的领导。

【学习重点】

①理解党的领导是中国特色社会主义最本质的特征。

②理解党的领导是中国特色社会主义制度的最大优势。

③掌握全面增强党的执政本领的措施。

【学习难点】

①理解党在新时代的历史使命。

②掌握确保党始终总揽全局协调各方的根本要求。

知识点睛

一、实现中华民族伟大复兴关键在党

（一）中国共产党的领导地位是历史和人民的选择

中国共产党成立以后，团结带领中国人民，打败日本帝国主义，推翻国民党反动统治，完成新民主主义革命，建立了中华人民共和国；完成了社会主义革命，确立社会主义基本制度，消灭一切剥削制度，推进了社会主义建设；进行改革开放新的伟大革命，极大激发广大人民群众的创造性，极大解放和发展社会生产力，极大增强社会发展活力，人民生活显著改善，综合国力显著增强，国际地位显著提高。

中国共产党领导中国人民取得的伟大胜利，使具有五千多年文明历史的中华民族全面迈向现代化，让中华文明在现代进程中焕发出新的蓬勃生机；使具有500年历史的社会主义主张在世界上人口最多的国家成功开辟出具有高度现实性和可行性的正确道路，让科学社会主义在21世纪焕发出新的蓬勃生机；使具有近70年历史的新中国建设取得举世瞩目的成就，中国这个世界上最大的发展中国家在短短40年里摆脱贫困并跃升为世界第二大经济体，创造了人类社会发展史上惊天动地的发展奇迹，使中华民族焕发出新的蓬勃生机。

（二）中国特色社会主义最本质的特征

1. 党的领导是中国特色社会主义最本质的特征

第一，这是由科学社会主义的理论逻辑所决定的；第二，这是由中国特色社会主义产生与发展的历史逻辑所决定的；第三，这是由中国特色社会主义迈向新征程的实践逻辑所决定的。

2. 党的领导是中国特色社会主义制度的最大优势

第一，中国特色社会主义制度是党领导人民创建的；第二，党的领导是充分发挥中国特色社会主义制度优势的根本保障；第三，党的自身优势是中国特色社会主义制度的主要来源。

（三）新时代中国共产党的历史使命

新时代中国共产党的历史使命，就是统揽伟大斗争、伟大工程、伟大事业、伟大梦想，在全面建成小康社会的基础上全面建成社会主义现代化强国，实现中华民族伟大复兴的中国梦。实现伟大梦想，必须进行具有许多新的历史特点的伟大斗争，必须深入推进党的建设新的伟大工程，必须推进中国特色社会主义伟大事业。

伟大斗争、伟大工程、伟大事业、伟大梦想是一个紧密联系、相互贯通、相互作用、有机统一的整体，统一于新时代坚持和发展中国特色社会主义伟大实践。

二、坚持党对一切工作的领导

（一）党是最高政治领导力量

党是最高政治领导力量，这是马克思主义政党学说的基本原则，是对历史经验的深刻总结，是推进伟大事业的根本保证。

（二）确保党始终总揽全局协调各方

坚持党总揽全局、协调各方的领导核心地位，是党作为最高政治力量在治国理政中的重要体现。确保党始终总揽全局、协调各方，必须增强政治意识、大局意识、核心意识、看齐意识，自觉维护党中央权威和集中统一领导，自觉在思想上政治上行动上同党中央保持高度一致。确保党始终总揽全局、协调各方，必须坚持和完善党的领导的体制机制。确保党始终总揽全局、协调各方，必须坚持党的民主集中制原则。

（三）全面增强党的执政本领

全面增强党的执政本领：一是增强学习本领；二是增强政治领导本领；三是增强改革创新本领；四是增强科学发展本领；五是增强依法执政本领；六是增强群众工作本领；七是增强狠抓落实本领；八是增强驾驭风险本领。

案例评析

【案例1】

以"四个伟大"为引领，不断推进中国特色社会主义伟大事业

习近平总书记的"十九大"报告为新时代的"四个伟大"高呼了政治宣言和指明了行动指南，诠释了党的十九大主题，总结了过去五年的历史性变革，

阐述了新时代坚持和发展中国特色社会主义的一系列重大理论和实践问题，提出了新时代中国特色社会主义思想和发展的战略安排。可谓思想深邃、字字千钧、意义深远。

通过认真学习报告后不难发现，习近平总书记的十九大报告对于全面深入推进中国特色社会主义发展具有很强的理论性、战略性、思想性、引领性和里程碑的意义，主要反映在以下四个方面内容，一是伟大梦想的目标，提出了中国共产党人要不忘初心，牢记使命，为实现中华民族伟大复兴而努力奋斗。这一点充分体现我党不断坚持和发展中国特色社会主义的坚定信念；二是伟大事业的旗帜，提出了新时代中国特色社会主义思想的历史地位。这也是报告的灵魂、心脏所在，为我们努力奋斗提供了强大思想武器。三是伟大工程的基石，提出了中国特色社会主义进入新时代这一重大判断，开创了中国特色社会主义发展的新纪元。四是伟大斗争的精神，提出了决胜全面建成小康社会和开启全面建设社会主义现代化国家新征程，描绘了中国特色社会主义伟大事业发展的美好愿景。

（资料来源：摘自《人民网》）

评析：党的十九大是中国特色社会主义进入新时代的关键时期召开的一次十分重要、意义非凡的大会。我们要结合"两学一做"学习教育常态化制度化，结合习近平总书记系列重要讲话和治国理政新理念新思想新战略，落实自查自纠整改任务，不断增强政治意识、大局意识、核心意识、看齐意识，在思想上、政治上、行动上同以习近平同志为核心的党中央保持高度一致。紧紧围绕"两个一百年"奋斗目标和实现中华民族伟大复兴的中国梦这一伟大愿景，坚定不移地继续进行以开展伟大斗争为精神，建设伟大工程为基石，推进伟大事业为旗帜，实现伟大梦想为目标，不断推进中国特色社会主义伟大事业！

【案例2】

不断增强党的政治领导力

坚决维护党中央权威和集中统一领导

增强党的政治领导力，首要的是维护党中央权威和集中统一领导。党的全部历史证明，全党有坚强的领导核心，党中央有权威，我们党就能无往而不胜。习近平总书记成为党的核心、军队统帅、人民领袖，成为国家的掌舵者、人民的领路人，这是党和人民的历史性选择，是党之大幸、国之大幸、民之大幸。我们要牢固树立"四个意识"，坚定"四个自信"，做到"四个服从"。去年年底，我们制定了《中共青岛市委常委会关于坚决维护和服从以习近平同志为核心的党中央集中统一领导的意见》，强化维护习近平总书记核心地位、维护党中央权威和集中统一领导这个第一位的政治要求和最根本的政治规矩，使之成为全市各级党组织和广大党员干部的思想自觉、党性观念、纪律要求和实际行动。

坚持和加强党的全面领导

增强党的政治领导力，归根到底是为了坚持和加强党的全面领导。在当代中国，党是领导一切的。但曾有一个时期，党的领导淡化、虚化、弱化现象在一些地方和领域不同程度地存在。党的十八大以来，以习近平同志为核心的党中央旗帜鲜明坚持和加强党的全面领导，澄清了模糊认识，从根本上扭转了弱化党的领导的状况，校正了党和国家事业前进的航向，极大地增强了党的凝聚力、战斗力和领导力、号召力。实践证明，党的政治领导力不是抽象的而是具体的，不是片面的而是全面的，必须把党的政治领导切实贯彻到治国理政全部活动之中，体现到经济建设、政治建设、文化建设、社会建设和生态文明建设各领域各方面，贯穿于各项工作全过程。我们要充分发挥地方党委在本地区总揽全局、协调各方的作用，集中精力把好方向、抓好大事、出好思路、管好干部，真正把党的政治领导全面落实好。把坚持和加强党的全面领导作为深化党和国家机构改革的根本保证和首要任务，完善坚持党的全面领导的制度，强化党的组织在同级组织中的领导地位，更好发挥党的职能部门作用，统筹设置党政机构，确保党的领导更加坚强有力。坚持党管干部原则和好干部标准，突出政治标准，从严把好选人用人关，加强干部日常管理监督，确保各级领导权始终掌握在忠于党、忠于马克思主义的人手里。

提高党的执政能力和领导水平

习近平总书记指出："领导13亿多人的社会主义大国，我们党既要政治过硬，也要本领高强。"我们要适应全面依法治国要求，改进和完善地方党委的领导方式和执政方式，坚持科学执政、民主执政、依法执政，加快形成覆盖党的领导和党的建设各方面的党内法规制度体系，加强和改善对国家政权机关的领导，努力做到"三统一""四善于"。建立健全地方党委对重大工作的领导体制机制，将党委常委会听取人大、政府、政协、法院、检察院党组工作情况汇报作为一项重要制度安排，注重发挥这些组织中党组的领导核心作用，创新群众工作体制机制和方式方法，推动工会、共青团、妇联等群团组织增强政治性、先进性、群众性，发挥联系群众的桥梁纽带作用。坚持、完善和落实民主集中制，坚持集体领导与个人分工负责相结合，既充分发扬党内民主，又善于集中统一，提高决策质量和水平。全面增强执政本领特别是政治领导本领，坚持战略思维、创新思维、辩证思维、法治思维、底线思维，健全各方面风险防控机制，牢牢掌握工作主动权。

（资料来源：摘自《党建研究网》）

评析：政治属性是政党第一位的属性，政治领导力在党的执政能力中居于首要位置，主要体现为制定和执行党的政治纲领、政治路线和方针政策的能力。政治领导力的强弱，是检验党的建设质量的重要试金石。从理论来看，增强党的政治领导力是习近平新时代中国特色社会主义思想的重要内容。习近平总书记围绕党的政治领导作了大量论述，强调"党是最高政治领导力量""讲政治，是我们党补钙壮骨、强身健体的根本保证，是我们党培养自我革命勇气、增强自我净化能力、提高排毒杀菌政治免疫力的根本途径"，为增强党的政治领导力提供了基本遵循。从实践来看，增强党的政治领导力是我们党从胜利走向胜利的宝贵经验。旗帜鲜明讲政治，坚持和加强政治领导，是中国共产党的优良传统和独特优势。

实践课堂

实践一　征文比赛：纪念中国共产党成立98周年

【实践目的】

让学生通过此活动，了解中国共产党的发展历史，深刻体会"中国共产党的领导地位是历史的必然，是人民的选择"这句话。

【实践方案】

时间：上课时间。

地点：教室。

活动方式：分小组进行。

流程：

1. 教师组织学生自由分组，4—5人为一组，每组设小组长一名。
2. 小组讨论，根据主题另拟题目。文章体裁以议论文为主。字数3000字左右。
3. 小组内选出一人执笔完成，其他组员搜集资料。
4. 完成后以小组为单位递交论文。

延伸阅读

一、精选阅读

坚持党对一切工作的领导

习近平总书记强调，党政军民学，东西南北中，党是领导一切的。中国共产党是中国特色社会主义事业的坚强领导核心，是最高政治领导力量，各个领域、各个方面都必须坚定自觉坚持党的领导。

中国共产党领导是中国特色社会主义最本质的特征

党的领导地位不是自封的，是历史和人民选择的，是由我国国体性质决定的，是由我国宪法明文规定的。中国特色社会主义最本质的特征是中国共产党领导，中国特色社会主义制度的最大优势是中国共产党领导。这一重要论断，丰富发展了马克思主义建党学说，深刻反映了对党的领导和中国特色社会主义这一基本关系的认识达到了新高度。坚持党对一切工作的领导是由我们党的性质决定的。中国共产党是中国工人阶级的先锋队，同时是中国人民和中华民族的先锋队，是中国特色社会主义事业的坚强领导核心。坚持党对一切工作的领导是历史和人民的选择。历史深重的轨迹清晰表明，没有共产党，就没有新中国；没有共产党，就没有中华民族从站起来到富起来再到强起来。坚持党对一切工作的领导是实现中华民族伟大复兴的根本保证。完成艰巨光荣的历史使命，战胜前进道路上的风险挑战，从根本上要靠党的全面领导，靠党把好方向盘。

坚决维护习近平总书记党中央的核心、全党的核心地位

坚决维护习近平总书记党中央的核心、全党的核心地位，保证全党令行禁止，形成思想和行动高度统一的整体，这是一个成熟的马克思主义执政党的必然要求，对维护党中央权威和集中统一领导，更好地凝聚党和人民的力量，推进中国特色社会主义伟大事业和民族复兴大业，具有十分重大而深远的意义。确立和维护无产阶级政党的领导核心，始终是马克思主义建党学说的一个基本观点。习近平总书记党中央的核心、全党的核心地位，是在伟大斗争中形成的。党的十九大把习近平总书记党中央的核心、全党的核心地位写入党章，这是党和国家之幸、人民之幸、中华民族之幸。坚决维护习近平总书记党中央的核心、全党的核心地位，必领切实增强政治意识、大局意识、核心意识、看齐意识，自觉同以习近平同志为核心的党中央保持高度一致，在思想上高度认同，政治上坚决维护，组织上自觉服从，行动上紧紧跟随。

完善坚持党的全面领导的制度

党的全面领导是具体的，不是空洞的、抽象的，必须体现到治国理政的方方面面，体现到国家政权的机构、体制、制度等的设计、安排、运行之中，确保党的领导全覆盖，确保党的领导更加坚强有力。坚持党总揽全局、协调各方的领导地位。在国家治理体系的大棋局中，党中央是坐镇中军帐的"帅"，车马炮各展其长，一盘棋大局分明，治国理政才有方向、有章法、有力量。健全党中央实行全面领导的体制机制，严格执行向党中央请示报告制度，深化党和国家机构改革，完善严格执行民主集中制的具体制度。

第十四章 坚持和加强党的领导

151

提高党把方向、谋大局、定政策、促改革的能力和定力

坚持党对一切工作的领导,既要政治过硬,也要本领高强。要着力提高党把方向、谋大局、定政策、促改革的能力和定力,善于处理各种复杂矛盾,勇于战胜各种艰难险阻,牢牢把握工作的主动权,把党总揽全局、协调各方落到实处。把方向就是要高举中国特色社会主义伟大旗帜,坚持以习近平新时代中国特色社会主义思想为指导,以高度自觉推进社会革命和自我革命,一以贯之坚持和发展中国特色社会主义,一以贯之推进党的建设新的伟大工程,一以贯之增强忧患意识,防范风险挑战。要牢固树立大局意识,自觉把工作放到大局中去思考、定位、摆布,做到正确认识大局、自觉服从大局、坚决维护大局。在推进经济社会发展中,要坚持以人民为心,着眼解决人民日益增长的美好生活需要和不平衡不充分的发展之间的矛盾,抓住群众最关心最直接最现实的利益问题,制定切实管用的政策措施。要大力弘扬改革创新和自我革命精神,推进思想再解放。改革再出发,在全面深化改革新起点上实现新突破。

(资料来源:摘自《新浪网》)

二、推荐阅读

1. 习近平:《在庆祝中国共产党成立95周年大会上的讲话》,人民出版社2016年版。

2. 习近平:《中国共产党的领导是中国特色社会主义最本质的特征》,《习近平谈治国理政》第2卷,外文出版社2017年版。

3. 程同顺:《新时代大国治理》,湖北教育出版社2018年版。

三、至理名言

党是无产阶级的先锋队和无产阶级组织的最高形式,他应该领导一切其他组织,如军队、政府与民众团体。

——毛泽东

党是直接执政的无产阶级先锋队,是领导者。

——列宁